Kingskettle Pony Club

Near Saskatoon/Près de Saskatoon

I am pleased to dedicate this book to Evan Quick, a good friend and trekking buddy from Regina. Evan, I am honoured that you shared the beauty of your province with me – and now with the rest of Canada and the world. This book would not have been possible without your commitment to making this project a reality – and I thank you from the bottom of my heart.

) (

Je suis heureux de dédier ce livre à Evan Quick, un bon ami et compagnon de randonnée de Regina. Je suis honoré et fier que tu aies bien voulu partager la beauté de ta province avec moi – et, désormais, avec le reste du Canada et du monde. Cet ouvrage n'aurait pas vu le jour sans ton engagement à réaliser ce projet. Je t'en remercie du fond du cœur.

Near Sceptre / Près de Sceptre

Design and captions by Catharine Barker
National Graphics, Toronto, ON Canada

Copy Editor (English): E. Lisa Moses

French translation and editing: Line Thériault and Guy Thériault

Nimbus Publishing Limited
PO Box 9166, Halifax, NS Canada B3K 5MB
Tel.: 902 455-4286

Printed in China

Maquette et légendes réalisées par Catharine Barker
National Graphics, Toronto, ON Canada

Révision (anglais) : E. Lisa Moses

Traduction et révision (français) : Line Thériault et Guy Thériault

Nimbus Publishing Limited
C. P. 9166 Halifax, NE Canada B3K 5MB
Tél. : 902 455-4286

Imprimé en Chine

Library and Archives Canada Cataloguing in Publication

Fischer, George, 1954-, photographer
    Saskatchewan : spirit of the heartland = l'esprit des Prairies
/ photos,
George Fischer.

Text in English and French.
ISBN 978-1-77108-385-0 (bound)

    I. Saskatchewan–Pictorial works. I. Fischer, George, 1954- . Saskatchewan. II. Fischer, George, 1954- . Saskatchewan. French. III. Title.

FC3512.F57 2015   971.24'040222   C2015-905622-5E

Catalogage avant publication de Bibliothèque et Archives Canada

Fischer, George, 1954-, photographe
    Saskatchewan : spirit of the heartland = l'esprit des Prairies
/ photos,
George Fischer.

Texte en français et en anglais.
ISBN 978-1-77108-385-0 (relié)

    I. Saskatchewan–Ouvrages illustrés. I. Fischer, George, 1954- . Saskatchewan. II. Fischer, George, 1954- . Saskatchewan. Français. III. Titre.

FC3512.F57 2015   971.24'040222   C2015-905622-5F

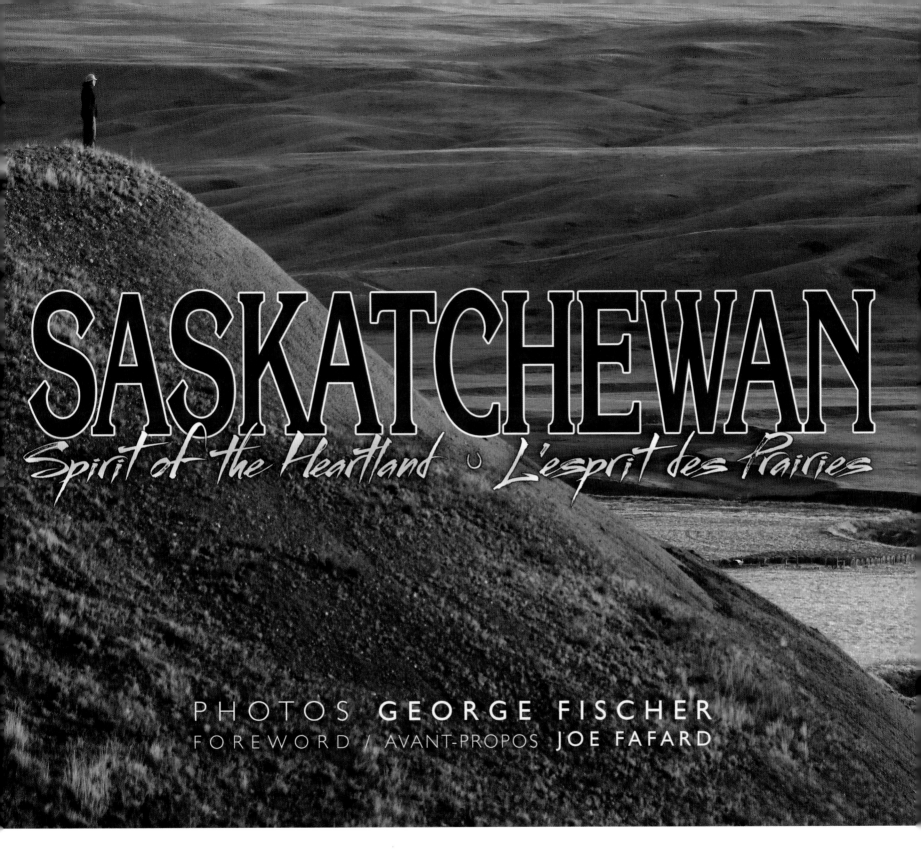

SASKATCHEWAN

Spirit of the Heartland · L'esprit des Prairies

PHOTOS **GEORGE FISCHER**
FOREWORD / AVANT-PROPOS **JOE FAFARD**

GREYSTONE

preface

Saskatchewan has never been a place the world clamours to visit. A rectangular province in the middle of Canada, it is often noticed only as a boring part of any transcontinental adventure. Yet George Fischer reveals to the world what Prairie people have always known: Saskatchewan holds a quiet, yet stunning allure, one equal to the most exotic places on this earth.

Photography exposes what has always been before us. Saskatchewan's vast plains and even vaster sky fool the passerby into believing there is nothing to be seen. The fleeting visitor can easily dismiss this land. Only those who look with patience are rewarded with the rich detail and intricate beauty hidden in plain sight. George Fischer offers a transformative experience. The ordinary becomes art, a reality that reveals some aspect of the known world which we wouldn't recognize were it not captured through his lens.

"Here is Saskatchewan," this book says: beautiful and bleak; inviting and desolate, but always waiting to be experienced. In these pages the warm, late summer fields celebrate life and togetherness, but also belie the inevitable loneliness of the coming winter. Saskatchewan is a place of transition: the charm of small town life standing in humorous and dismaying contrast to the industrial scale of contemporary agriculture and the relentless mining of its resources.

Ultimately, George Fischer has understood that Saskatchewan is defined by extremes; this reality he highlights in his images of the ordered and formal, of the relationship between the province's evolution and the ancient lay of the land. The geology uncovered in a river's meandering recalls the setting for cave paintings in both palette and form. Images of windbreaks and fence lines are only a recent response to the endless flatness of the prairie. George Fischer presents images that hint at the stories behind each face, each abandoned farm, each windblown field. He pays homage to the patterns that shape and have shaped us.

There is bravery in George Fischer's willingness to journey to precarious places. There is his ever-present curiosity; there is his generosity in sharing cultures and lands. So much of Canada and the world will never be experienced except through work such as his. Through his eye our assumptions are changed; the familiar becomes unrecognizable, the unknown draws nearer. At its best, his work may help us to care more deeply for this land and to act as hopeful, passionate citizens of the Earth.

— Joe Fafard
SCULPTOR

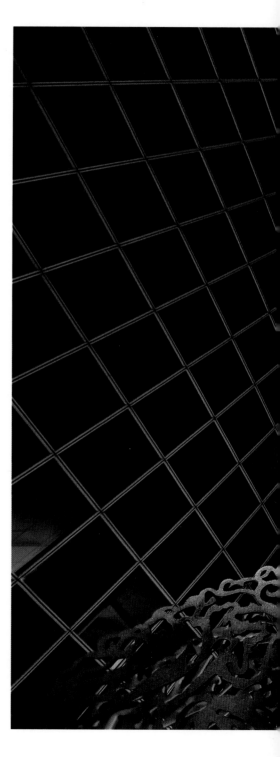

The laser cut metal sculpture by Joe Fafard shimmers with the colours of its surroundings. Titled *oskana ka-asasteki* from the Cree name for the site of Regina, meaning "the place of burnt bones."

Une sculpture de Joe Fafard découpée au laser reflète les couleurs qui l'entourent. Elle s'intitule « oskana ka-asasteki », ce qui signifie « lieu des os brûlés ». C'est le nom que les Cris ont donné au site de la ville de Regina.

F.W. Hill Mall, Regina

préface

La Saskatchewan n'a jamais été une destination très courue des visiteurs. Souvent, cette province rectangulaire située au milieu de Canada ne représente qu'une étape ennuyeuse d'un voyage transcontinental. Toutefois, George Fischer révèle au monde ce que tout habitant des Prairies sait depuis toujours : l'attrait de la Saskatchewan est à la fois discret et renversant et se compare à celui des lieux les plus exotiques de la planète.

Les photos nous révèlent ce qui a toujours été là, sous nos yeux. Les immenses plaines et le ciel plus vaste encore de la Saskatchewan sont trompeurs. Le visiteur de passage pourrait croire qu'il n'y a rien à voir et passer outre à ce coin de pays. Seul un regard patient peut connaître la joie du détail et celle de la beauté subtile qui s'offre à celui qui sait regarder. George Fischer offre une expérience marquante. La chose ordinaire devient objet d'art. Elle nous révèle un aspect d'un monde connu que nous n'aurions pas reconnu s'il n'avait pas été capté par la lentille.

« Voici la Saskatchewan », nous dit ce livre. Elle est à la fois belle et austère, invitante et désolée, mais toujours disposée à se laisser découvrir. Au fil des pages, la chaleur des champs en fin d'été célèbre la vie et la communauté, en même temps qu'elle sait dissimuler les solitudes de l'hiver qui approche. La Saskatchewan est un lieu de transition où le charme de la petite ville offre un contraste à la fois drôle et déconcertant avec l'agriculture moderne à l'échelle industrielle et l'exploitation inexorable des ressources.

Somme toute, George Fischer a compris que ces extrêmes définissent la Saskatchewan. Ce fait est illustré par des images qui révèlent ce qui est ordonné et formel et qui montrent à la fois l'évolution de la province et l'ancienneté de ses terrains. Le passé géologique aperçu dans le méandre d'une rivière rappelle les dessins de cavernes, tant par les teintes que par la forme. Les coupe-vent et les clôtures représentés dans les images sont comme des répliques récentes adressées à l'implacable planéité de la prairie. Les images de George Fischer laissent deviner le récit que recèle chaque visage, chaque ferme abandonnée, chaque champ battu par le vent. C'est un hommage aux destins qui nous façonnent et à ceux qui nous ont façonnés.

En s'aventurant des lieux précaires, George Fischer fait montre d'un certain courage. Sa curiosité est omniprésente, de même que sa générosité à partager cultures et territoires. Pour beaucoup, c'est par des images comme les siennes que passera l'expérience du Canada et du reste du monde. Ses yeux modifient ce que nous tenons pour acquis. Le familier devient méconnaissable. L'inconnu se rapproche de nous. À son meilleur, son travail suscitera peut être une affection plus profonde encore pour ce territoire et nous incitera à agir en habitants confiants et passionnés de notre Terre.

—*Joe Fafard*
SCULPTEUR

Fondly known as "Prairie sentinels," wood-cribbed grain elevators were an integral part of storing local grain and moving it into world markets.

Surnommés « sentinelles des Prairies », les élévateurs à grain en bois font partie du décor. On y garde le grain récolté dans la région avant de l'expédier vers les marchés mondiaux.

Coronach

avant-propos

Bienvenue dans ma Saskatchewan

Au fil des siècles, son vaste ciel a inspiré l'artiste, défié le pionnier dans son ranch et attiré l'amateur d'aventures extrêmes.

Cette province des Prairies me fascine depuis ma première rencontre avec le mot « Saskatchewan ». C'était en 1957. Ma famille avait quitté la Hongrie pour émigrer au Canada. En préparation de l'examen de citoyenneté devant un juge, mes parents devaient connaître l'anglais et pouvoir nommer toutes les provinces. La plupart des noms étaient faciles à prononcer, mais « Saskatchewan » était une véritable embûche.

Pour contourner l'obstacle, mes parents ont alors inventé un homonyme en langue hongroise qui pouvait passer pour Saskatchewan : *Száz kacsa Van* qui signifiait : *J'ai cent canards*. Même si cette affirmation était bien loin du nom donné à la région par ses habitants Cris (*Kisiskatchewani Sipi*, c'est-à-dire *rivière au fort courant*), elle a aidé mes parents à obtenir pour la famille la citoyenneté canadienne tant convoitée. Elle donnait accès à un avenir merveilleux – et elle allait me rendre amoureux de tout ce qui est canadien.

À TRAVERS LE REGARD DE NOMBREUX ARTISTES

Partout où je vais, je rencontre des artistes polyvalents qui m'épatent et m'inspirent. La Saskatchewan ne fait pas exception à cette règle. En parcourant mes photos en préparation de ce livre, j'ai constaté qu'il existait plusieurs interprétations créatives de thèmes semblables. Prenons l'exemple de ma photo d'une ruelle qui n'est pas sans rappeler l'oeuvre de Wilf Perreault qui révèle l'infinie beauté de tels endroits. J'ai donc cherché d'autres exemples semblables et appelé quelques artistes de la région en leur proposant d'associer notre travail respectif. Ils ont répondu à mon appel et je suis ravi de vous présenter sept artistes dont les oeuvres complètent ainsi mes photos.

Le ciel éloquent de la Saskatchewan constitue une immense toile de fond pour les oeuvres d'artistes présentées dans ce livre. C'est un ciel qui accueille aussi bien la douceur de l'aurore qu'un crépuscule flamboyant, le nuage blanc et ouateux ou encore le front sombre d'une tempête menaçante. Çà et là apparaissent la forêt boréale du Bouclier canadien, des champs de blé ondulants qui nourriront la planète et de grands élévateurs à grain datant du 19e siècle. Ce ciel luit aussi sur d'innombrables occasions de capter la vie qui habite les collines ondulées, les ravins profonds, les dunes, les lacs et les rivières.

L'appareil photo de George et les artistes de la région ont traduit en deux et trois dimensions l'histoire de l'Ouest, la force de caractère des habitants et la diversité de leurs cultures. On trouve partout les vestiges de l'esprit du pionnier. Ils sont présents dans les grandes cathédrales qui, outre la lumière, reflètent aussi la vie et le génie artistique. Dans les villes, les grands immeubles modernes côtoient des bâtiments historiques et racontent une histoire faite de persévérance, de survie et de progrès. Dans les campagnes, la chaleur humaine des travailleurs de la terre et le langage de leurs bêtes témoignent d'un enracinement rural profond.

Partout dans cette province, on retrouve les traces de guerriers et de cowboys, d'explorateurs et de marchands, de mineurs et de barons du pétrole. Ensemble, ils ont tracé la voie de la Saskatchewan moderne. Grey Owl, le célèbre protecteur de la nature, y a vécu de nombreuses années. Sa dépouille repose dans le parc national de Prince Albert. Moose Jaw est le port d'attache des célèbres Snowbirds – une équipe acrobatique d'avions Tutor aux couleurs rouge, blanc et bleu. Les neuf avions sont pilotés par des as de l'aviation canadienne.

J'ai le plaisir de vous offrir ce reflet photographique de « L'esprit des Prairies » entrevu à travers mes objectifs. Je vous souhaite donc un merveilleux voyage.

— *George Fischer*

foreword

Welcome to my Saskatchewan,

whose big skies have for centuries inspired
ambitious artists, challenged pioneer ranchers
and beckoned extreme adventurers.

For me, this Prairie province has held much
allure since I first encountered the word
"Saskatchewan" in 1957 after my family had
immigrated to Canada from Hungary. To
prepare for the Canadian citizenship exam
in front of a judge, my parents had to learn
English and recite the names of all provinces
from memory. Most were easy to pronounce
and remember, but "Saskatchewan" stopped
them cold.

Undaunted, they concocted a Hungarian
homonym that sounded much like
Saskatchewan – *Száz kacsa Van* – but meant
"I have 100 ducks." While these words were
a far cry from the province's Cree derivative,
"Kisiskatchewani Sipi" (swiftly flowing river),
they helped my parents win the coveted status
of Canadian citizens for the family. That opened
the doors to a wonderful new future – and
led to my love of all things Canadian.

THROUGH THE EYES OF MANY ARTISTS

Wherever I travel, I meet multi-faceted artists
who amaze and inspire me, and Saskatchewan
was no exception. In reviewing my photographs
for this book, I recalled seeing many creative
interpretations of similar themes. For example,
my photo of a back alley recalled the work of
Wilf Perreault, who sees boundless beauty in
such spaces. This prompted me to look for other
examples and call a few local artists with the idea
of using some of our work side by side. They
agreed, and I am pleased to present seven artists
whose work complements mine in this way.

Much of our art is set against Saskatchewan's
giant canvas of expressive skies, which shift
between soft dawns and flaming sunsets, fluffy
white clouds and threatening storm fronts.
They are punctuated by boreal forests on the
Canadian Shield, dancing wheat fields that
feed the world, and towering grain elevators
dating back to the 19th century. And they shed
light on endless possibilities for recording life
on the rolling hills and deep ravines, sand
dunes, lakes and rivers.

Caught in two and three dimensions by my
images and the local artists are views on the
province's Wild West history, the strength of its
people and diversity of its cultures. Symbols
of the pioneering spirit are everywhere – and
include giant cathedrals that reflect not
only light, but also life and art. In the cities,
contemporary high-rises and historical
structures tell the story of perseverance,
survival and progress. And out on the land, the
warmth of the farming folk and the sounds of
their livestock echo its rural roots.

Throughout the province, we can trace the
footprints of warriors and cowboys, explorers
and traders, miners and oil barons who
paved the way to modern Saskatchewan. For
many years, it was home to Grey Owl – a
world-renowned nature conservationist whose
remains are buried in Prince Albert National
Park. And the famous Snowbirds – a nine-plane
show fleet of red, white and blue Tutors piloted
by the Canadian Forces' best – are based in
Moose Jaw.

From my unique vantage point, I'm pleased
to present you with a photographic reflection
of the "Spirit of the Heartland" – and hope you
enjoy the journey.

— *George Fischer*

PREVIOUS PAGES

The Broadway Bridge came to life as a make-work project during the the Great Depression, linking Broadway Avenue to the downtown business area. The arch-style bridge was designed and built by C.J. Mackenzie, Dean of Engineering, who took a leave of absence from the College of Engineering for the contract, and employed more than 1500 workmen.
Saskatoon

PAGES PRÉCÉDENTES

Le pont Broadway était à l'origine un projet visant à créer de l'emploi durant la Grande Crise. Il relie l'avenue Broadway et le quartier des affaires du centre-ville. Ce pont en arc a été conçu et érigé par C.J. Mackenzie. Pour exécuter ce contrat, il avait pris congé du poste de doyen qu'il occupait au Collège d'ingénierie. Environ 1 500 ouvriers ont travaillé au projet.
Saskatoon

Parhelia, also known as sun dogs, appear as bright spots on either side of the sun. They are formed when sunlight refracts through ice crystals.

Aussi appelé faux soleil, le parhélie est formé de points lumineux situés de part et d'autre du soleil. Ils sont produits par la réfraction de la lumière solaire sur des cristaux de glace.

Regina

Buttes marked with coloured striations pepper the landscape. The first dinosaur bones found in western Canada were discovered here in 1874.
Grasslands National Park

Des buttes ornées de strates de couleur agrémentent le paysage. Les premiers ossements de dinosaures trouvés dans l'Ouest canadien ont été découverts ici en 1874.
Parc national des Prairies

The Gem Lakes, a cluster of sandy bottom lakes, reflect the vibrant boreal forest in Narrow Hills Provincial Park.

Les lacs Gem – des lacs au fond sablonneux – reflètent la splendide forêt boréale du parc provincial de Narrow Hills.

Smeaton

« Mes œuvres sont un dialogue qui s'établit entre moi, ma palette, la peinture et la toile. »

KAREN HOLDEN

Scott Lake Summer
Été au lac Scott

137.16 x 99 cm (54 x 39 in./po)
oil/huile

Karen Holden

I am an impressionistic painter moving into abstraction. Working the amazing prairie light into each piece adds vitality and intensity.

Je suis une peintre impressionniste qui évolue dans le monde de l'abstrait. En intégrant à chacune de mes œuvres l'exceptionnelle luminosité des prairies, je leur donne une vitalité et une intensité.

> " My paintings are a dialogue between me, the paint, my palette and the canvas. "
>
> KAREN HOLDEN

Sunset dips behind Candle Lake Provincial Park, home to
superb fishing and some of Canada's top inland beaches.

Coucher de soleil au parc provincial de Candle Lake. La pêche

A federated college of the University of Regina, the First Nations University of Canada opened in May 1976 as the Saskatchewan Indian Federated College with nine students. Today, it spans three campuses and boasts annual enrollment of more than 3000.

Designed by Douglas Joseph Cardinal, the architecture shows his trademark smooth, flowing lines that reflect the surrounding landscape. Influenced by his aboriginal heritage, Cardinal is renowned for his designs of the Canadian Museum of History (Gatineau, Quebec) and the National Museum of the American Indian (Washington D.C.).

First Nations University of Canada est un collège affilié à l'Université de Régina. À l'ouverture, en 1976, l'institution s'appelait Saskatchewan Indian Federated College et accueillait neuf étudiants. Aujourd'hui, elle compte trois campus et plus de 3 000 étudiants.

Conçu par l'architecte Douglas Joseph Cardinal, cet immeuble possède les lignes souples qui lui sont caractéristiques et s'intègre parfaitement au paysage. L'édifice reflète l'héritage autochtone de Cardinal, tout comme d'autres bâtiments célèbres qu'il a réalisés, notamment le Musée canadien de l'histoire (Gatineau, Québec) et le National Museum of the American Indian (Washington, DC).

Regina

Frost feathers the trees in Douglas Park.

Le givre décore les arbres du parc Douglas.

Regina

PREVIOUS PAGES | PAGES PRÉCÉDENTES

Reeds form a unique abstract on Waskesiu Lake in the heart of Prince Albert National Park. Its wildlife treasures include the white pelican and plains bison.

Prenant une allure abstraite, les roseaux bordent le lac Waskesiu qui se trouve au cœur du parc national Prince Albert. Ce parc abrite une précieuse faune sauvage, dont le pélican blanc et le bison des plaines.

Waskesiu

One of Saskatchewan's most-photographed churches, St. Nicholas Anglican Church is a Gothic Revival heritage property. Built in 1900, it was moved in 1911 to its current location.

L'église anglicane St. Nicholas est l'une des églises les plus photographiées de la Saskatchewan. Inscrite au patrimoine de la renaissance gothique, elle a été construite en 1900 et transportée sur son site actuel en 1911.

Kennell

Cedar shingles, ideal for extreme weather conditions, create a
monochromatic mosaic on an old barn.
Near Moreland

Matériau idéal pour tout climat extrême, le bardeau de cèdre
orne cette vieille grange d'une mosaïque monochrome.
Près de Moreland

The SaskPower Building was the tallest structure in
Saskatchewan after its completion in 1963. The flowing
design by architect Joseph Pettick was influenced by Brazilian
expressionist architecture.

À son inauguration en 1963, l'immeuble de SaskPower était
la plus haute structure de la Saskatchewan. Dessinées par
l'architecte Joseph Pettick, les lignes souples évoquent
l'architecture expressionniste brésilienne.

Beautiful Kingsmere Lake, settled within the protected 3874 square kilometres (1496 square miles) of Prince Albert National Park, is the water route to Ajawaan Lake, where the famous conservationist Grey Owl lived in a cabin until his death in 1938.

Waskesiu Lake

Le splendide lac Kingsmere fait partie des 3 874 kilomètres carrés (1 496 milles carrés) du parc national de Prince Albert. Il rejoint le lac Ajawaan où le célèbre conservationniste Grey Owl a vécu dans une cabane jusqu'à sa mort en 1938.

Lac Waskesiu

Northern Traditions and Transitions, oil on canvas by Roger Jerome, dominates the third-floor rotunda of the Saskatchewan Legislative Building at 5.38 x 7.47 m (17 ft., 8 in. x 24 ft., 6 in.).

Northern Traditions and Transitions est une huile sur toile qui domine la rotonde, au troisième étage de l'immeuble de l'Assemblée législative de la Saskatchewan. Il mesure 5,38 sur 7,47 m (17 pi, 8 po sur 24 pi, 6 po).

Regina

The majestic Saskatchewan Legislative Building, which houses the Legislative Assembly, is a tribute to the styles of the English Renaissance and Louis XVI of France.

La majesté de l'édifice de l'Assemblée législative de la Saskatchewan évoque à la fois la Renaissance anglaise et l'époque de Louis XVI, roi de France.

Regina

Wet Feet

81 × 122 cm (32 × 48 in./po)
acrylic on canvas/acrylique sur toile

Wilf Perreault

We are all influenced by our experiences. Walking in the back alleys of Saskatoon hand in hand with my father when I was a lad could be considered the first influence of what was to become my career as an artist.

Nous sommes tous influencés par nos expériences. Quand j'étais enfant, j'ai marché main dans la main avec mon père dans les ruelles de Saskatoon. C'est sans doute la première influence exercée sur ce qui deviendrait ma carrière d'artiste.

A back alley photo pays homage to the details of everyday life.

La photo d'une ruelle rend hommage aux détails
de la vie quotidienne.

Regina

« Pour moi, la peinture
est un jeu et j'espère
ne jamais grandir. »

WILF PERREAULT

A line of ramshackle granaries protects valuable contents against time and weather.
  Near Hafford

Des greniers délabrés protègent un bien précieux contre le temps et les intempéries.
  Près de Hafford

An azure sky sets off the beautiful metal dome and cupola of the Ukrainian Catholic parish of St. John the Baptist.

L'azur du ciel amplifie la beauté du magnifique dôme et de la coupole de l'église de la paroisse catholique ukrainienne Saint-Jean-Baptiste.

Alticane

The Church of the Descent of the Holy Spirit, now closed, was constructed in 1926 by Ukrainian settlers using volunteer labour. It cost $1700.

Aujourd'hui fermée, l'église de la Pentecôte (Church of the Descent of the Holy Spirit) a été construite en 1926 grâce à la main-d'œuvre volontaire des colons ukrainiens. Sa construction a coûté 1 700 $

Peterson

Prairie grasslands thrive by the Qu'Appelle River along the Wascana Trails – a series of trails developed for the 2005 Canada Games and now popular venues for recreational hiking and mountain biking.

L'herbe des Pairies pousse bien près de la rivière Qu'Appelle et le long des Wascana Trails, un réseau de sentiers aménagé pour les Jeux du Canada de 2005. Aujourd'hui, ils sont fréquentés par les randonneurs et les cyclistes de montagne.

Wascana Valley Trails, Regina

Canada Geese are suspended in flight on Hamilton Street. Dedicated to George C. Solomon, "a man of vision, industry and true western spirit," the sculpture was created by Robert Dow Reid and appropriately named *Western Spirit*.

Des bernaches suspendent leur vol au-dessus de la rue Hamilton. La sculpture de Robert Dow Reid honore la mémoire de George C. Solomon, « un homme de vision, un travailleur qui incarnait le véritable esprit de l'ouest ». L'œuvre s'intitule « Western Spirit ».

Regina

FOLLOWING PAGES | PAGES SUIVANTES

A quiet country road is content to amble through Happy Valley, very close to the U.S. border.
Near Coronach

Une route de campagne sillonne paisiblement Happy Valley, à proximité de la frontière américaine.
Près de Coronach

Spanning Wascana Creek near the Legislative Building, Albert Memorial Bridge is adorned with carved buffalo heads, glazed balustrades, flagstaffs, lamps and Egyptian motifs. Built as an employment relief project during the Great Depression, it was derided for costing considerably more to build than estimated.

Le pont Albert Memorial enjambe le ruisseau Wascana près de l'Assemblée législative. Il est orné de têtes de bisons sculptées, de rampes émaillées, de mâts, de lampadaires et de motifs égyptiens. Construit pour générer des emplois durant la Grande Crise, il a été ridiculisé pour avoir coûté beaucoup plus cher que prévu.

Regina

Dès mon plus jeune âge, j'adorais dessiner. Cela a aiguisé mon sens de l'observation.

JOE FAFARD

Pierre Elliott Trudeau
Sculpture – Joe Fafard

"I loved drawing from an early age, which made me even more observant.

JOE FAFARD

Joe Fafard assumes the Pierre Elliott Trudeau pose in his studio.
Near Lumsden

Dans son atelier, Joe Fafard prend la même pose que celle
de sa sculpture de Pierre Elliott Trudeau.
Près de Lumsden

During lunch hour, while everyone was off to the faculty club and this and that, I set up a bunch of bases down the hallway of the school and I put out all of the portraits I had completed…and I waited for the reaction. That's how I got started again, doing portraits of people around me.

À l'heure du lunch, pendant que tout le monde était au club de la faculté ou occupé ailleurs, j'ai installé des supports dans le couloir de l'école sur lesquels j'ai posé les portraits que j'avais complétés. J'ai attendu les réactions. C'est ainsi que j'ai recommencé à faire des portraits de personnes de mon entourage.

Clouds hover over the massive 70 Mile Butte which rises
100 metres above the valley floor – the highest point in the
park's West Block.
Grasslands National Park

Des nuages flottent au-dessus de la butte 70-Mile. Cette
butte s'élève à plus de 100 mètres au-dessus du fond de la
vallée. C'est le point le plus élevé du bloc ouest des Prairies.
Parc national des Prairies

Agriculture not only
gives riches to a nation,
but the only riches she
can call her own.

SAMUEL JOHNSON

Classic grain elevator detail after weathering many seasons.

Détails d'un élévateur à grain traditionnel qui a connu bien des saisons.

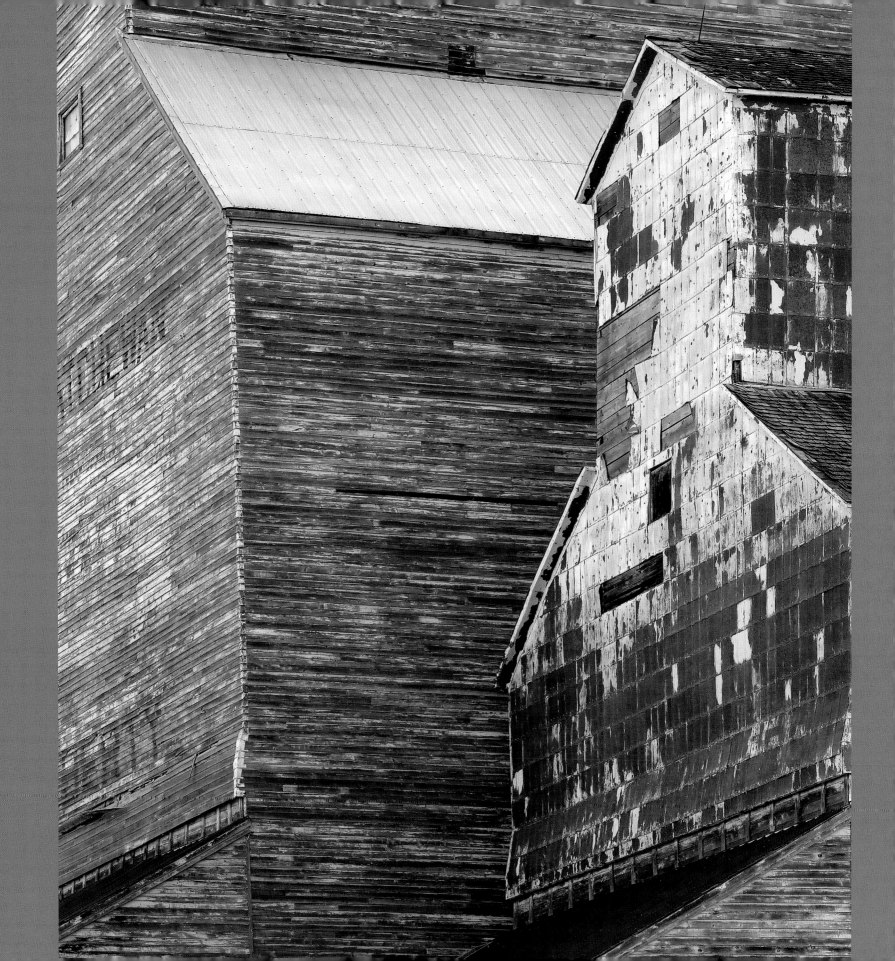

Birch trees grow in a tangle of organic confusion.
Near La Ronge

Bouleaux formant un enchevêtrement de matière organique.
Près de La Ronge

Rugged sandstone and clay formation, carved by meltwater and smoothed by age, served as an important landmark for settlers, police and thieves.

Sculptée par la fonte des glaciers et lissée par le temps, cette formation de grès et d'argile inhospitalière a longtemps servie de repère aux colons ainsi qu'aux policiers et aux voleurs.

Big Muddy Badlands

Sculptures in Joe Fafard's studio are heavily influenced by wildlife. Growing up as a farm boy, he learned to care for a variety of animals.
Near Lumsden

Joe Fafard s'est beaucoup inspiré des bêtes sauvages. Élevé dans une ferme, il s'est occupé de plusieurs espèces d'animaux.
Près de Lumsden

Buffalo hide detail

Détail d'une peau de bison

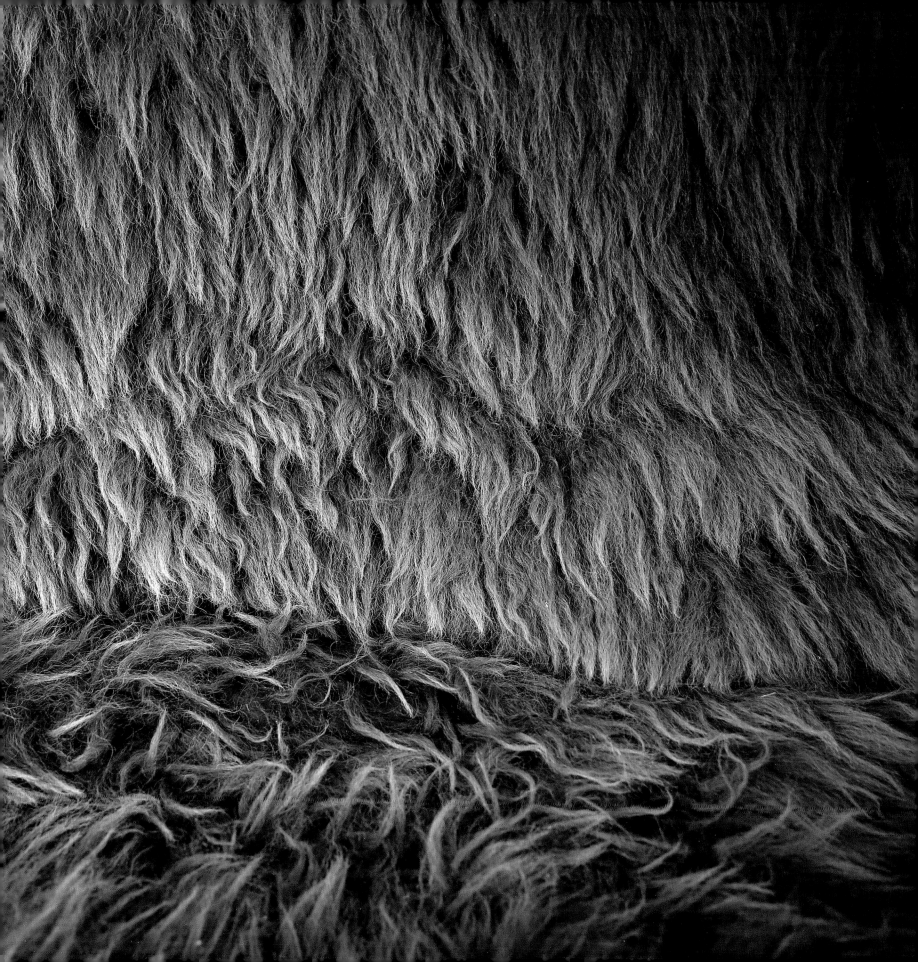

From boots on up, Cowtown is the store to advance your western style.

Des bottes jusqu'au chapeau, Cowtown a de quoi libérer votre style western.

Regina

An entertaining tradition of unknown origin is hanging well-worn cowboy boots at the entrance to Great Sandhills Ecological Reserve.
Near Sceptre

Une tradition amusante d'origine incertaine : des bottes de cowboy bien usées sont accrochées à l'entrée de la réserve écologique des Great Sandhills.
Près de Sceptre

Queen Elizabeth II riding sidesaddle on her favourite black
mare, Burmese, has been immortalized in bronze by sculptor
Susan Velder in front of the Legislative Building. Trained
in Ottawa, the horse was a gift from the Royal Canadian
Mounted Police.

La reine Elizabeth II en amazone sur sa jument favorite
Burmese est immortalisée dans le bronze par l'artiste Susan
Velder. L'œuvre se trouve devant l'édifice de l'Assemblée

Poised and in good spirits, a young lady rides bareback.
Near Saskatoon

Avec assurance et bonne humeur, une jeune fille monte à cru.
Près de Saskatoon

Non seulement, l'agriculture est-elle la richesse d'une nation, mais c'est aussi la seule qui lui soit propre.

SAMUEL JOHNSON

Rolling hills of prairie grassland with diverse rare and endangered species are different from most travellers' visions of Saskatchewan.
Grasslands National Park

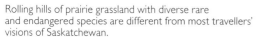

Recouvertes d'herbes des prairies, ces collines foisonnent d'espèces rares et menacées. Elles tranchent avec l'idée que se font habituellement les voyageurs de la Saskatchewan.
Parc national des Prairies

Abandoned tractors rest under a thin blanket of snow. Farming in the 20th century was revolutionized thanks to the arrival of the "automobile plows."
Near Moose Jaw

Une mince couche de neige recouvre des tracteurs abandonnés. Au cours du 20e siècle, la « charrue automobile » a révolutionné l'agriculture.
Près de Moose Jaw

An old prairie cart looks down the road toward the hamlet of Neidpath, settled in the early 1900s. Having flourished for decades, it is now officially a ghost town.

Une vieille charrette sur le chemin qui mène au hameau de Neidpath. Fondé au début des années 1900, le hameau a été florissant durant plusieurs décennies. Aujourd'hui, c'est un hameau fantôme.

Neidpath

Faut « quitter la route asphaltée » pour se rendre chez vo

Proud of the vast, unobstructed views of fascinating cloud formations
and spectacular sunsets, Saskatchewan adopted the slogan "Land of

Overlooking a ranching community, an old Chevrolet has
been put out to pasture.

Une vieille Chevrolet abandonnée surveille la communauté
des éleveurs.

Bengough

YOU MAY BE FROM SASKATCHEWAN IF...

Directions to your house include "turn off the paved road."

A yellow caution sign messages danger on the road to the village of Piapot.
Near Kennell

Un panneau jaune prévient d'un danger à l'approche du village de Piapot.
Près de Kennell

With a sophisticated infrastructure of grid roads, Saskatchewan boasts the greatest number of road surfaces of any Canadian province. Including the provincial highway network, Saskatchewan has more than 190,000 kilometres (118,061 miles) of rural roads.
Grid Road 714 and Highway 6, south of Regina

Le système de routes de section de la Saskatchewan est le plus important de toutes les provinces canadiennes. Avec son réseau de routes provinciales, il compte pas moins de 190 000 kilomètres (18 061 milles) de routes rurales.
Route de section 714 et route 6 au sud de Regina

Brent: There's lots to see. Nothin' to block your view. Like the mountains back there. They're uh… Well, what the hell? I could've sworn there was a big mountain range back there. Juttin' up into the sky all purple and majestic. I must be thinkin' of a postcard I saw or somethin'. Hey, it is kinda flat, thanks for pointin' that out.

From *Ruby Reborn*, the Season 1 episode of *Corner Gas*, an award-winning TV series filmed entirely in Saskatchewan and created by Saskatchewan-born comedian Brent Butt.

Rouleau, aka "Dog River"

Brent : Il y a beaucoup à voir, aucune obstruction. Les montagnes, là-bas. Elles… Qu'est-ce qui se passe ? J'aurais juré qu'il y avait une chaîne de montagnes là bas, au fond. Elles montaient vers le ciel, toutes mauves et majestueuses. C'est peut-être que je me suis souvenu d'une carte postale, ou quelque chose du genre. En fait, c'est plutôt plat. Merci de l'avoir fait remarquer.

Extrait de l'épisode *Ruby Reborn*, tiré de la première saison de la série de télévision primée *Corner Gas*. La série a été entièrement tournée en Saskatchewan et elle a été conçue par Brent Butt, un comédien originaire de la province.

Rouleau, surnommé « Dog River »

VOUS ÊTES PEUT-ÊTRE DE LA SASKATCHEWAN SI…

Vous pouvez regarder votre chien s'enfuir et courir pendant trois jours.

Typically, grain elevators have the town name emblazoned on two sides. This is great for rail operators, pilots and drivers not wanting to ask for directions.

Habituellement, le nom de la ville est inscrit sur deux côtés des élévateurs à grain. C'est parfait pour les conducteurs de trains, les pilotes et les chauffeurs qui rechignent à demander leur route.

Meacham

You can watch your dog run away for three days.

It was so dry in
Saskatchewan during the
Depression that the trees
were chasing the dogs.

JOHN ROBERT COLOMBO

A room with a view looks toward Elrose, a farming and oil town.

Une chambre avec vue sur Elrose, ville agricole et pétrolière.

Elrose

The stark profile of an old tree marks Grid Road 714, buried under snow.
Near Rouleau

Le profil d'un arbre dénudé ponctue le chemin de secteur 714 enseveli sous la neige.
Près de Rouleau

Sunset silhouettes an old water-pumping windmill (designed for irrigation or providing water to a farm).
Near Viscount

Le crépuscule dessine la silhouette d'un vieux moulin à pompe. L'eau servait à l'irrigation ou aux besoins de la ferme.
Près de Viscount

La sécheresse était telle durant la Grande Crise que les arbres étaient à la recherche de chiens.

JOHN ROBERT COLOMBO

The silhouette of a once-flourishing grain elevator stands tall against a flaming sunset sky.

La silhouette d'un élévateur à grain jadis florissant se dresse devant un flamboyant coucher de soleil.

Bents

Behind every small business, there's a story worth knowing. All the corner shops in our towns and cities, the restaurants, cleaners, gyms, hair salons, hardware stores – these didn't come out of nowhere.

PAUL RYAN

Advertising painted on the side of a building is a nostalgic reminder of simpler times when local merchants enticed shoppers downtown by horse and buggy.

Un panneau publicitaire sur la façade d'un édifice est un rappel nostalgique d'une époque plus simple où l'on venait faire ses courses à bord d'une voiture tirée par un cheval.

Saskatoon

There's a lot to do around town or nearby at the UNESCO Redberry Lake World Biosphere Reserve – but first, some pie of course.

Il y aura beaucoup à faire en ville ou dans la réserve mondiale de la biosphère de l'UNESCO du lac Redberry – dès qu'on aura mangé la tarte, bien sûr.

Hafford

Pickup trucks are plentiful — purchased new or used, or found on Kijiji. Favourite colours are black and white.

On voit beaucoup de camionnettes — achetées neuves ou usagées ou encore trouvées sur Kijiji. Le noir et le blanc semblent être les couleurs privilégiées.

Watrous

Chaque petit commerce raconte une histoire qui vaut d'être entendue. Pas un magasin du coin, restaurant, pressing, gymnase ou salon de coiffure et pas une seule quincaillerie de nos villes et villages n'est sortie de nulle part.

PAUL RYAN

Founded in 1910 as the Regina Rugby Club, the Saskatchewan Roughriders have a fiercely loyal "Rider Nation." Playing in the smallest market in the Canadian Football League (CFL), they have won the coveted Grey Cup four times and boast 20 players inducted into the Canadian Football Hall of Fame. The 'Riders' biggest rival is the Winnipeg Blue Bombers.

D'abord appelée Regina Rugby Club, l'équipe des Saskatchewan Roughriders a été fondée en 1910. Sa « nation Rider » lui est farouchement fidèle. Le marché des Riders est le plus petit de la Ligue canadienne de football (LCF). L'équipe a remporté la coupe Grey quatre fois et 20 de ses anciens joueurs figurent au temple de la renommée du football canadien. Son principal rival est l'équipe des Blue Bombers de Winnipeg.

Mosaic Stadium at Taylor Field has come a long way from the days when fans could park their cars at the sidelines to watch a game. It was built to hold 51,000 spectators and became home to the 1995, 2003 and 2013 Canadian Football League Grey Cup games.

Le Mosaic Stadium de Taylor Field a bien changé depuis l'époque où l'on pouvait garer sa voiture près des lignes de côté pour assister au match. Le stade peut accueillir 51 000 spectateurs. Le match de la coupe Grey y a été joué en 1995, 2003 et 2013.

Regina

A not-to-miss hot spot in the resort town where it has resided since 1930, Danceland features the original anti-fatigue dance-floor surface: horsehair (the only one remaining in Canada). Ten-cent dances, or three for a quarter, brought in the teenagers. Today you can still swing, polka and rock to the music, as well as conjure up the spirit of Elvis who played here in 1954 when touring with Hank Snow.

À ne pas manquer dans ce « lieu de villégiature » où il a été inauguré en 1930 : Danceland, dont le plancher antifatigue flotte sur du poil de cheval. (le seul existant encore au Canada.) À 10 cents la danse ou 3 danses pour 25 cents, les ados y affluaient. On peut encore y danser le swing, la polka ou un rock. On peut aussi imaginer Elvis, en tournée avec Hank Snow, y donnant son numéro, en 1954.

Manitou Beach

Le rythme, on l'a ou on ne l'a pas. Si on l'a,

il habite le corps tout entier.

ELVIS PRESLEY

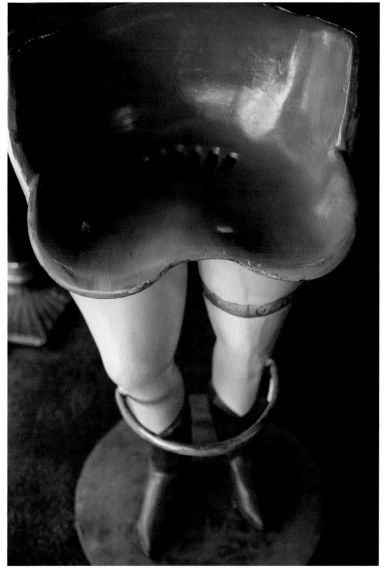

An invitation to take a load off in Cowtown.

Pourquoi ne pas se poser un moment à Cowtown.

Regina

Rhythm is something you either have or don't have, but when you have it, you have it all over.

ELVIS PRESLEY

Strips of sky, field and grasses set off large bales of hay,
harvested and ready for winter, to be used as fodder for
livestock when fresh food is scarce.
Near Rockglen

Des tranches de ciel, de champ et d'herbe font ressortir des
balles de foin prêtes pour l'hiver. Elles nourriront le bétail
durant la saison morte.
Près de Rockglen

Construction season is an experience shared across
Canada — a necessary inconvenience to endure.

La saison de la construction est une expérience familière à
tous les Canadiens — un dérangement auquel on s'habitue.

Rosetown

A giant load pushes the boundaries of the standard road width on Highway 20.
Near Burr

Cette charge exceptionnelle repousse les limites de largeur de la route 20.
Près de Burr

Russell Hill Road, safe to navigate only in the warmer months, is part of the landscape winding through grasslands and coulees not far from the Trans-Canada Highway.
Qu'Appelle Valley

Le chemin de Russell Hill n'est praticable que durant les mois plus chauds. Il serpente à travers les prés et les vallons, non loin de la route transcanadienne.
Vallée de la rivière Qu'Appelle

The unmistakable bright yellow of a school bus stands out among the suburban streets.

Le jaune brillant caractéristique de cet autobus scolaire ressort bien dans un décor de banlieue.
Regina

With warm western hospitality, Rick Simmonds allows visitors to stroll through the Crooked Bush, a twisted grove of aspen trees with an otherworldly quality located on his land. Legends about the unique contortions centre on aliens, lawyers and giant rabbits sucking sap. The town is helping with the grove's preservation, and Rick asks the more than 5000 visitors annually to show respect for the three-acre habitat.

Near Hafford

Avec l'accueil chaleureux d'un gars de l'ouest, Rick Simmonds laisse les visiteurs se promener dans ce bosquet de bouleaux sorti d'un autre monde. Quant aux responsables des contorsions, la liste est longue : les extraterrestres, les avocats, les lapins géants suceurs de sève, et ainsi de suite. La municipalité aide à préserver le bosquet qui se trouve sur ses terres et Rick demande aux 5 000 visiteurs annuels de bien respecter l'environnement du lieu.

Près de Hafford

Je ne sais vraiment pas ce qui me pousse à faire ces choses, mais je les fais quand même.

JOE FAFARD

PCL panel 2006
Panneau PCL 2006

by/par Joe Fafard
laser-cut steel sculpture/sculpture d'acier découpée au laser

Near Lumsden/Près de Lumdsen

Part of western Canada's multifaceted heritage, wagon wheels bring to mind the positive aspects of pioneer spirit and adventure.
Near Saskatoon

Objets du patrimoine de l'Ouest canadien, ces roues de charrettes évoquent les aspects positifs de l'esprit du pionnier et de son sens de l'aventure.
Près de Saskatoon

"I can't put a finger on what compels me to make these things, but I keep doing it anyway.

JOE FAFARD

Rail service is still the best way to move some products such as grain, oil and wood. The province administers more than 2000 kilometres (1243 miles) of rail.

Le chemin de fer reste le meilleur moyen de transporter le grain, le pétrole et le bois. La province exploite au-delà de 2 000 km (1 243 miles) de voies ferrées.

Saskatoon

The village of Biggar is a divisional point for the Canadian National Railway (CNR) and boasts "New York Is Big But This Is Biggar," a slogan launched in 1909 when the settlement became a village. It is named after W.H. Biggar, general counsel for the Grand Trunk Pacific Railway (GTPR).

Near Biggar

Le village de Biggar est une localité de limite divisionnaire du chemin de fer Canadien National (CN). En 1909, quand la localité est devenue village, on a lancé le slogan « New York is Big But This Is Biggar » ce qui signifie littéralement « New York est grand, mais ici c'est plus grand encore ». Le nom rappelle la mémoire de W.H. Biggar, avocat général du Grand Trunk Pacific Railway (GTPR).

Près de Biggar

Headlamps beam streaks that flow east and west on Victoria Avenue, named in honour of Queen Victoria. It is part of the Trans-Canada Highway system, one of the world's longest national highways that spans the country's 10 provinces.

Les phares des voitures laissent leurs traces dans l'avenue Victoria qui a été nommée en l'honneur de la reine du même nom. Cette avenue fait partie de réseau de routes transcanadiennes qui englobe l'une des plus longues routes nationales au monde. Elle traverse les 10 provinces canadiennes.

Regina

Katie Hamilton shows her skills at the Rouleau Bar & Grille inside the Rouleau Hotel. The establishment was used as a recruiting office during the First World War, an emergency hospital during an epidemic in 1918 and has been a general meeting place for the town. It gained fame in 2004 as the Dog River Hotel on the CTV sitcom *Corner Gas*.

Katie Hamilton exerce ses talents au Rouleau Bar & Grille de l'hôtel Rouleau. Le lieu a servi de centre de recrutement durant la Première Guerre mondiale, d'hôpital d'urgence, en 1918, durant une épidémie, et de lieu de rencontre pour les habitants de la ville. En 2004, il a tenu le rôle du Dog River Hotel dans la série télévisée *Corner Gas* de la chaîne CTV.

Rouleau

The Caledonian Curling Club, generally known as the Callie Curling Club, was established in 1915 when forward-thinking curlers foresaw benefits for the Provincial Bonspiel. It has since welcomed national and Olympic champions.

Le Caledonian Curling Club, familièrement appelé Callie Curling Club, a été fondé en 1915 par des amateurs qui y voyaient des avantages pour un bonspiel provincial. Parmi ses membres, on compte des champions nationaux et olympiques.

Regina

Sporting a "bunny hug" (a hooded jacket), a jogger takes advantage of the Meewasin Trail. The route, which winds past the river, under bridges and through stunning stretches of nature, is popular for many leisure activities. It was named one of the Top 10 Greatest Hikes in Canada by *Reader's Digest* magazine in 2012.

Dans son sweat à capuchon, un jogger trotte le long du sentier Meewasin. La piste attire les activités de loisir, Elle longe la rivière, passe sous des ponts et traverse des espaces naturels splendides. En 2012, elle figurait parmi les 10 plus belles pistes de randonnée du Canada, selon un classement publié par le magazine *Reader's Digest*.

Saskatoon

Almost half the province relies on the South Saskatchewan River for its drinking water, recreation, industrial or irrigation needs. Manitoba and Alberta also benefit from these important waters.

La rivière Saskatchewan Sud fournit, à près de la moitié de la province, l'eau potable et l'eau pour les loisirs, l'industrie et l'irrigation. Elle répond aussi aux besoins du Manitoba et de l'Alberta.

Saskatoon

MILKY WAY
ICE CREAM

Since it opened in 1956, Milky Way heralds summer, enticing
hordes of customers from the last weekend in March to
Thanksgiving.

Depuis son ouverture en 1956, Milky Way est annonciateur
de l'été. Les clients y affluent du dernier week-end de mars à
la fête de l'Action de grâce.

Regina

Only those who understand winter can truly appreciate the promises of hot comfort food.

Seuls ceux qui connaissent les rigueurs de l'hiver peuvent apprécier pleinement un plat chaud bien réconfortant.

Watrous

Carrying on the Giambattista family tradition, Carlo provides only the freshest, highest-quality food at the Italian Star Deli. Entering the store is like stepping into the kitchen of your new Italian *famiglia*.

À l'Italian Star Deli, Carlo perpétue la tradition établie par la famille Giambattista. La fraîcheur et la qualité des ingrédients sont de rigueur. Entrer dans ce magasin, c'est comme pénétrer dans la cuisine de sa nouvelle *famiglia* italienne.

Regina

Jonathan Thauberger, award-winning executive chef at Crave Restaurant, has come a long way from the peanut butter and jelly sandwiches in his boyhood lunchbox. His winning dish at the Gold Medal Plates 2013 was rabbit ballotine.

Jonathan Thauberger, le chef exécutif primé du restaurant Crave, a fait du chemin depuis les sandwichs au beurre d'arachide et à la confiture des boîtes à lunch de son enfance. Son plat gagnant au concours Gold Medal Plates de 2013 était sa ballotine de lapin.

Regina

Saskatchewan produces 10 per cent of the world's
total wheat exports.

La Saskatchewan produit 10 pour cent des
exportations de blé dans le monde.

> " Dream big. Be contagious.
>
> MICHAEL HOSALUK

Carving by Michael Hosaluk

Sculpture de Michael Hosaluk

« Rêvez grand.

Soyez contagieux. »

MICHAEL HOSALUK

A dormant tree obscures winter slopes just outside the village of Craven, originally known as Sussex.
Near Craven

Un arbre sommeille et masque des pentes hivernales près du village de Craven, autrefois appelé Sussex.
Près de Craven

Lake Diefenbaker shines in the waning light. Named after
John G. Diefenbaker, Canada's 13th prime minister, it is the
largest body of water in southern Saskatchewan thanks to the
Gardiner Dam and the Qu'Appelle River Dam. Built in the
1960s, the dams have helped prevent the South Saskatchewan
River from freezing over and creating dangerous ice
conditions downstream in Saskatoon and Medicine Hat.
Near Elbow

Le lac Diefenbaker brille dans la dernière lumière du jour. Le
barrage Gardiner et celui de la rivière Qu'Appelle en font le
plus grand lac du sud de la Saskatchewan. Il a été nommé en
l'honneur de John G. Diefenbaker, le 13e premier ministre
du Canada. Construits durant les années 1960, les barrages
aident à empêcher la rivière Saskatchewan Sud de geler
complètement et, au printemps, de créer des conditions
dangereuses dans les villes de Saskatoon et de Medecine Hat.
Près de Elbow

A handwritten sign appears to be out of season.

Cette enseigne manuscrite semble s'être trompée de saison.

Meacham

Shadows streak the fields in Watrous, at the centre of the Canadian grainbelt.

Des traînées d'ombre dans des champs à Watrous, au cœur de la ceinture de céréales du Canada.

Watrous

Left behind by ancient receding glaciers, Scott Lake straddles Saskatchewan and the Northwest Territories and is surrounded by pristine wilderness.
North of Stony Rapids

Un legs des anciens glaciers, le lac Scott est à la frontière de la Saskatchewan et des Territoires du Nord-Ouest, dans une nature à la fois vierge et sauvage.
Au nord de Stony Rapids

David Green smiles under the weight of a northern pike from the clear waters of Scott Lake. Since pike are mainly daylight feeders, morning is generally considered the best time for fishing.

David Green montre fièrement ce grand brochet pêché dans les eaux limpides du lac Scott. Comme le brochet se nourrit essentiellement le jour, le matin reste le meilleur moment pour le pêcher.

A small canoe finds solitude on an island on Morning Lake, en route to Missinipe.
Northwest of La Ronge

En route vers Missinipe, un petit canoe a trouvé la solitude dans une île du lac Morning.
Au nord-ouest de La Ronge

Just north of the U.S. border, the days of bank robbers and horse thieves in the Big Muddy Badlands along the "Outlaw Trail" are easy to imagine. Stories of the notorious Sam Kelly, Dutch Henry, Coyote Pete and the Sundance Kid hiding out in the sandstone caves among buttes and cacti recall Canada's frontier days. At its heart, Castle Butte rises 70 metres (230 feet) from the flat prairie and was a landmark for First Nations and early settlers.

Près de la frontière des États-Unis, on imagine facilement l'époque des braqueurs de banques et voleurs de chevaux des Big Muddy Badlanlds, près du « Outlaw Trail ». L'époque des pionniers est bien présente dans les récits des méfaits de Sam Kelly, Dutch Henry, Coyote Pete et Sundance Kid. Ces bandits se réfugiaient parmi les cactus et dans les cavernes des collines. À 70 mètres (230 pieds) au-dessus de la plaine, Castle Butte était un point de repère pour les Premières Nations et les premiers colons.

Big Muddy Valley

Rosefield Grid Road cuts a path past wheat farms and ranches. Close to Grasslands National Park, home to several important ecoregions and Canada's only black-tailed prairie dog colony, European explorers in 1859 deemed the area "unfit for habitation."

Le chemin de secteur Rosefield longe des champs de blé et des fermes d'élevage. Le parc national des Prairies est tout près. On y trouve d'importants écosystèmes et la seule colonie de chiens de prairie à queue noire au Canada. En 1859, des explorateurs européens ont trouvé la région impropre à l'habitation.

Val Marie

An advanced irrigation system, the Swing Arm Corner does its part efficiently on the farm.

Swing Arm Corner est un système d'irrigation perfectionné qui joue bien son rôle sur une terre agricole.

Ponteix

Abandoned for a newer model, an arched stone bridge
overlooks the Qu'Appelle River.
Near Craven

Abandonné pour un modèle plus récent, ce pont de pierre
regarde passer la rivière Qu'Appelle.
Près de Craven

FOLLOWING PAGES | PAGES SUIVANTES

The profile of the Three Sister Butte underlines a sweeping
sunset over the peaceful Frenchman River Valley.
West Block, Grasslands National Park

Le profil de la Three Sister Butte souligne un vaste coucher de
soleil dans la paisible vallée de la rivière Frenchman.
Bloc de l'ouest, Parc national des Prairies

The route between Highways 30 and 32 on the South Saskatchewan River is serviced by the Lancer Ferry, operated by the provincial government. It moves nearly 7000 vehicles annually, six cars at a time.
Between Lancer and Eston

Le traversier de Lancer fait le lien entre les routes 30 et 32 qui longent la rivière Saskatchewan Sud. C'est un service du gouvernement provincial. À raison de six voitures à la fois, il en transporte 7 000 au cours d'une année.
Entre Lancer et Eston

Thunder Bloom
Fleur de tonnerre

by/par Karen Holden
30.5 x 61 cm (12 x 24 in./po)
oil/huile

« Mon but est de
donner un maximum
d'information avec un
minimum de détails. »

KAREN HOLDEN

Time-worn buildings, including two ancient grain elevators, add to the hushed sensation of this 20th-century ghost town.

Des bâtiments vétustes, y compris deux anciens élévateurs à grain, ajoutent à l'ambiance de cette ville fantôme du 20e siècle.

Neidpath

"My goal is to convey maximum information from minimum detail.

KAREN HOLDEN

The Qu'Appelle River meanders 430 kilometres (270 miles) from Lake Diefenbaker to the Assiniboine River in Manitoba, eventually flowing into Hudson Bay. First Nations made their homes here, fishing in the river and lakes, and hunting game in the coulees.

Qu'Appelle Valley

La rivière Qu'Appelle serpente sur 430 kilomètres (270 milles) depuis le lac Diefenbaker. Elle se jette dans la rivière Assiniboine, au Manitoba, pour finir dans la baie d'Hudson. Les peuples des Premières Nations vivaient ici, pêchaient dans les rivières et les lacs et chassaient le gibier dans les coulées.

Vallée de la Qu'Appelle

Distinct furrows curve past the abandoned Federal Grain elevator. The enterprise was formed in 1929 with the merger of nine elevator and grain companies.

Courbes décrites par des sillons près d'un élévateur désaffecté de la Federal Grain, une société créée en 1929 par la fusion de neuf commerces d'élévateurs et de céréales.

Moreland

A creative wooden mailbox is modelled after a Prairie dwelling.
Near Lumsden

Cette boîte aux lettres originale évoque une habitation
des Prairies.
Près de Lumsden

A charming residence embraces winter in the province's
capital, Regina, often called the Queen City. Named in 1882
for the reigning monarch, Queen Victoria, *regina* is the Latin
word for "queen."

Une charmante maison accueille l'hiver à Regina, la capitale,
aussi appelée ville reine. Le nom lui a été donné en 1882 en
hommage à la souveraine de l'époque, la reine Victoria.
En latin, *regina* signifie reine.

Regina

According to local lore, when rancher Bill Parry was asked by railway surveyors what lay ahead, he replied, "more land." This prompted the establishment of this village in 1912. The capacity of each grain elevator was 30,000 bushels.

Quand des arpenteurs du chemin de fer ont demandé à l'éleveur Bill Parry ce qu'il y avait plus loin, il aurait répondu « more land » ce qui signifie « plus de terres encore ». Le village a été fondé en 1912. Chaque élévateur pouvait emmagasiner 30 000 boisseaux.

Moreland

Sunset burns colour into the crisp outline of a winter tree.

Le soleil couchant colore la silhouette bien nette d'un arbre en hiver.

Saskatoon

Victoria Park, developed from a treeless two-block square in 1883, now offers popular walking paths, a cenotaph, beautiful lawns and gardens, historical monuments and a playground.

En 1883, Victoria Park n'était qu'un terrain sans arbres. Aujourd'hui, il comprend des sentiers pédestres, un cénotaphe, de beaux gazons et jardins, des monuments historiques et un terrain de jeux.

Regina

A cast bronze sculpture by Joe Fafard keeps company with his dog, Obélix.

Une sculpture en bronze de Joe Fafard tient compagnie à son chien Obélix.

"I wanted to remind stockbrokers what real stock is.

Je voulais rappeler aux courtiers (stockbrokers) le véritable sens du mot stock.

JOE FAFARD

Photo © Catharine Barker

The Pasture features cast bronze cows in Toronto's financial disctict.

The Pasture, avec ses vaches en bronze, est installé dans le quartier financier de Toronto.

Artist Joe Fafard's vision for *Mind's Garden* was that the viewer become the creator by imagining what the images represent.

Mr. Fafard and financial co-sponsor Dr. Gordon Diamond, a resident of Vancouver, British Columbia, donated the sculpture to the University of Regina in 2004.

Devant *Mind's Garden* de l'artiste Joe Fafard, le spectateur devient créateur et imagine ce que les images représentent.

En 2004, l'artiste et son partenaire financier, le Dr Gordon Diamond de Vancouver, en Colombie-Britannique, ont fait don de cette sculpture à l'Université de Regina.

Mind's Garden

by/par Joe Fafard
HT: 11.5 ft./pi (3.5 m) / DIAM: 35 ft./pi (10.6 m)
16 sections
cast bronze/bronze coulé

Regina

The town's grain elevator sits next to the railway tracks that were laid in 1926. A Canadian Pacific Railway official named the new settlement "Coronach" after the winner of England's Epsom Derby, which ran about the same time.

L'élévateur à grain de la ville s'élève près d'une voie ferrée datant de 1926. Un dirigeant de Canadian Pacific Railway a baptisé l'endroit Coronach pour commémorer un cheval gagnant de l'Epsom Derby couru en Angleterre.

Coronach

A hard-working "Job-Rated" 1951 Dodge pickup retains some
of its former bright red glory.

Eston

Cette vaillante camionnette Dodge « Job-Rated » 1951
conserve un peu de la splendeur du rouge éclatant dont elle
était si fière.

Estop

Pickup trucks and Prairie icons may conjure up visions of the untamed West.

Les camionnettes et les icônes des Prairie suffisent pour évoquer l'Ouest débridé.

Watrous

Dieu a dit « que le blé soit » et la Saskatchewan est apparue.

MY DISCOVERY OF THE WEST :
A DISCUSSION OF EAST AND WEST IN
CANADA, STEPHEN LEACOCK

The Lord said 'let there be wheat' and Saskatchewan was born.

MY DISCOVERY OF THE WEST: A DISCUSSION OF EAST AND WEST IN CANADA, STEPHEN LEACOCK

Canola fields are a pure Canadian sight. Researchers from Agriculture and Agri-Food Canada and the University of Manitoba bred the plant and named it for "Canada" and "ola" (meaning "oil").

Near Wakaw

Les champs de canola sont on ne peut plus canadiens. Des chercheurs d'Agriculture et Agroalimentaire Canada et de l'Université du Manitoba ont mis cette graminée au point. Son nom est une contraction de « Canada » et « ola » (en référence à l'huile).

Près de Wakaw

Pinecones adorning the trees in Douglas Park add a festive flair.

Les pommes de pin donnent un air de fête à ces arbres du parc Douglas.

Regina

Carving by Michael Hosaluk

Sculpture par Michael Hosaluk

Nestled in the Qu'Appelle Valley, St. Nicholas Anglican Church provides a venue for spiritual reflection as well as a place where community groups such as the Boy Scouts can hold services.

Gothic Revival influence is clear in the pointed-arch windows and open-beam roof style. Wood frame construction and vertical wooden wainscoting are construction hallmarks of the early 1900s.

Blottie dans la vallée de la Qu'Appelle, l'église anglicane St. Nicholas est à la fois un refuge pour la réflexion spirituelle et un lieu où des groupes communautaires comme les Boy Scouts assistent à des services religieux.

Les fenêtres pointues et le plafond avec poutres apparentes sont d'un style néogothique évident. La charpente en bois et le lambrissage vertical sont caractéristiques de la construction du début des années 1900.

Kennell

Winter fields create an orderly blueprint. While their grounds do not require attention during the cold months, farmers continue to toil indoors on other tasks such as paperwork, planning, seminars and equipment maintenance.
Northeast of Regina

Ces champs en hiver forment un dessin bien ordonné. Si le sol ne réclame aucun soin particulier durant les mois froids, la paperasse, la planification, les réunions et l'entretien de l'équipement restent des tâches hivernales pour l'agriculteur.
Au nord-est de Regina

Portrait of Mel Bolen, artist
Portrait de l'artiste Mel Bolen

by/par Karen Holden
oil/huile

> « L'intuition particulière que reflètent ces objets tient au fait que je vis à l'écart, d'abord parce que je suis artiste et aussi parce que j'habite la campagne. »
>
> MEL BOLEN

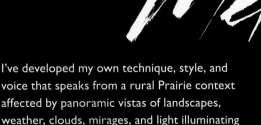

I've developed my own technique, style, and voice that speaks from a rural Prairie context affected by panoramic vistas of landscapes, weather, clouds, mirages, and light illuminating half the earth and half the sky. I have witnessed marvellous phenomena, felt the seasons change, the land gaining life and losing it again. These images and experiences are part of me and my work; they are the origin of my ideas.

J'ai développé ma propre technique, mon style et un discours qui s'expriment dans le contexte rural des Prairies, marqué par une perspective panoramique sur les paysages, le temps, les nuages, les mirages et la lumière qui éclaire à parts égales la terre et le ciel. J'ai vu de merveilleux phénomènes, connu le changement des saisons et la terre qui s'éveille à la vie pour mourir à nouveau. Ces images et ces expériences font partie de mon travail me donnent mes idées.

A close-up of Mel Bolen in his studio, working
with the potter's wheel.
Near Humboldt

Mel Bolen dans son atelier, travaillant sur son
tour de potier.
Près de Humboldt

" Because I live on the fringe, first of all as an artist
and secondly as one who lives in the country, I have
a particular insight that is mirrored in these pieces. "

MEL BOLEN

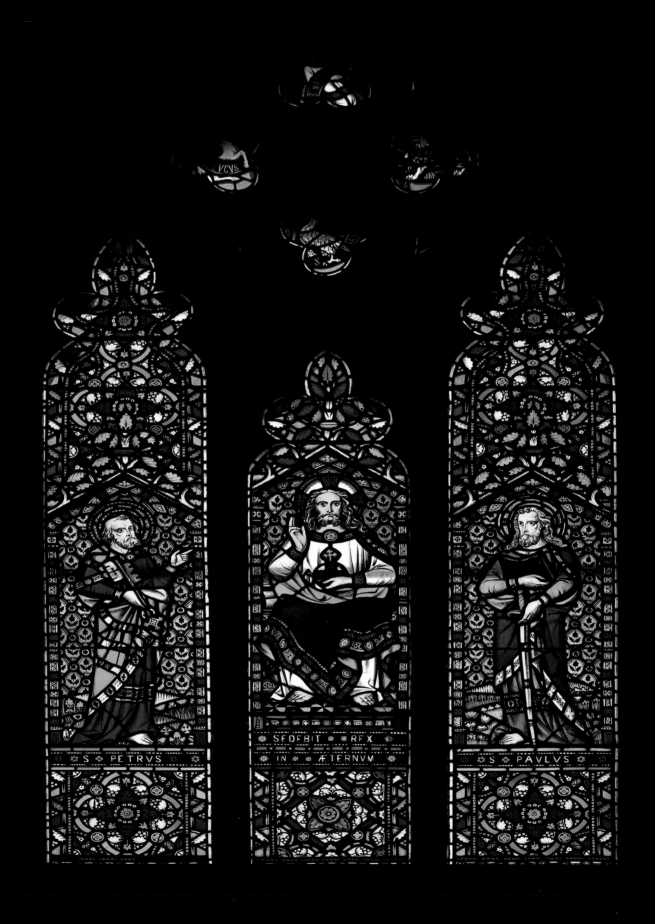

The shape of a dairy barn is etched against a January sunset.
Near Humboldt

La forme d'une grange laitière est gravée dans un crépuscule
de janvier.
Près de Humboldt

Found buried in a field, this stained glass is a rare piece of visual history. Donated to All Saints Anglican Church in 1912, it was originally brought from England in 2000 pieces for reassembly.

Ce vitrail trouvé dans un champ est une pièce d'une rare valeur historique. Léguée à l'église anglicane All Saints en 1912, elle est arrivée d'Angleterre en 2 000 morceaux qu'il a fallu rassembler.

Watrous

The All Hallows Anglican Church, sometimes known as Kildrum Church, has not been used since its deconsecration on October 3, 2009, although the grounds remain well cared for.

Aussi appelée Kildrum Church, l'église anglicane All Hallows est restée vacante depuis sa désacralisation le 3 octobre 2009. Toutefois, le terrain continue d'être bien entretenu.

Kildrum

Distinct domes and a detached belfry reach from a cruciform base to the heavens. St. John the Baptist Ukrainian Greek Catholic Church is a testament to the faith of Ukrainian immigrants who began to settle this area in 1900.

Sur une base en forme de croix, les dômes typiques et le clocher séparé de l'église grecque catholique ukrainienne Saint-Jean-Baptiste montent vers le ciel. L'église témoigne de la foi religieuse des immigrants ukrainiens qui ont commencé à peupler cette région en 1900.

Smuts

St. Solange Roman Catholic Church serves the local community
in one of Canada's sunniest cities.

L'église catholique romaine Sainte-Solange dessert la
communauté d'une des villes les plus ensoleillées du Canada.

Hafford

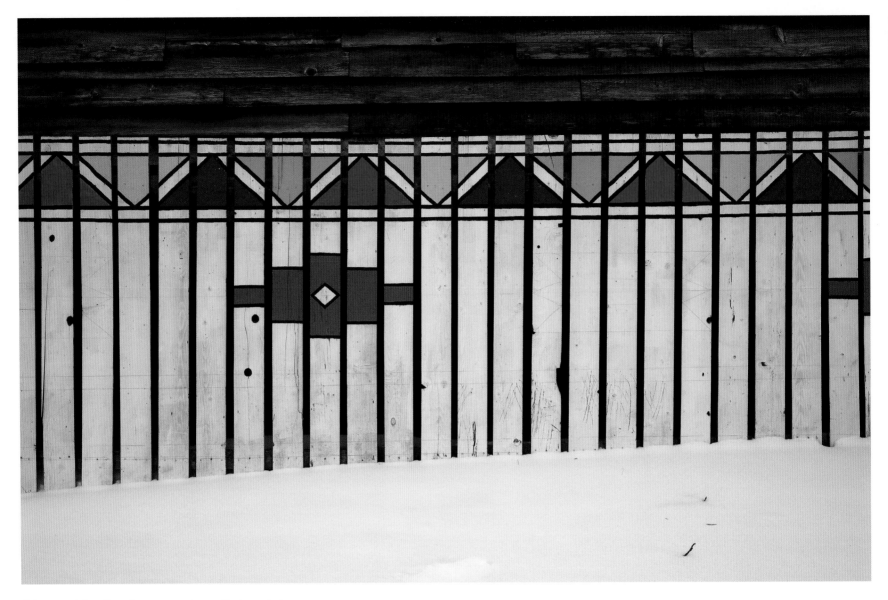

Colours are infused into downtown enclaves with clever strokes
and a creative eye.

Des touches habiles et un œil inspiré mettent de la couleur dans
des enclaves du centre-ville.

Regina

Proud of their picturesque town, Radvillites spruce up the
winter streets with holiday décor.

Les habitants de Radville sont fiers de décorer leur charmante
ville pour la période des fêtes.

Radville

The clattering of hockey sticks and pucks on frozen ponds
echoes across the nation every year, heralding a favourite
winter pastime for friends and families.
  Near Lumsden

Chaque année, partout au pays, le bruit des bâtons de hockey
et des rondelles retentit sur les étangs gelés. Cette activité
hivernale rassemble les amis et les familles.
  Près de Lumsden

The scarlet uniform is the famously stylish garb of the RCMP, established in 1873 to bring law and order to Canada's newly acquired western provinces. At the RCMP Heritage Centre, a souvenir tea tin sports a lighthearted interpretation of uniformed RCMP officers standing on guard.

La tunique écarlate identifie avec style la GRC. Ce corps policier a été formé en 1873 afin d'instaurer la loi et l'ordre dans les nouvelles provinces de l'Ouest canadien. Au Centre du patrimoine de la GRC, une boîte à thé est décorée d'une version pince-sans-rire de gendarmes protégeant nos foyers.

Regina

A row of tall trees at the back of a village house marks the property line.
Near Bethune

Une rangée de grands arbres marque la limite du terrain à l'arrière de cette maison.
Près de Bethune

Michael

My work tells stories from my life, places I've been, people I've met, architecture, our environment. These stories are interwoven into the objects I create. Craft goes beyond the pleasure of our senses and deals not only with aesthetics, but also social and ideological lives.

Since the dawn of time, children have created snowmen from snowballs. The frosty figures are usually accessorized with a carrot nose, twig arms and scarves and hats.

Depuis la nuit des temps, les enfants font des bonshommes de neige. Ce personnage a habituellement une carotte à la place du nez, des branches à la place des bras, un foulard et un chapeau.

Radville

Hosaluk

Mes œuvres racontent ma vie, les endroits où je suis allé, les gens que j'ai rencontrés, l'architecture et notre environnement. Ces récits sont intégrés aux objets que je fabrique. Le métier va au-delà du plaisir des sens. Son discours n'est pas seulement esthétique. Il est aussi social et idéologique.

Eva's Popcorn Stand, the wonderful little hut opened by Eva McNaughton, has been the food of childhood memories since the mid-1900s. It still serves delightful treats to Radvillites and visitors.

Depuis le milieu du siècle dernier, la charmante cabane d'Eva McNaughton appelée Eva's Popcorn Stand nourrit les souvenirs d'enfance. On continue d'y servir des friandises aux habitants de Radville et aux visiteurs.

Radville

Stately arches frame the box office of Radville's former theatre, built at the time of the town's incorporation, c. 1912. The Radville Senior Citizen Club purchased the historic building in the mid-1960s and continues to use it for activities and events.

De grandes arches encadrent le guichet de l'ancien théâtre de Radville. Il a été construit en 1912, année de la constitution de la ville. Acheté il y a 50 ans par le Radville Senior Citizens Club, il continue d'accueillir des activités et des événements.

Radville

Snow blankets pastures and hay bales that serve as livestock
feed in winter. To save on transport and barn storage, round
bales are usually packed tightly and stored outside in winter.
Near Saskatoon

La neige recouvre les pâturages et les balles de foin qui
nourrissent les bêtes durant l'hiver. Pour réduire le transport et
l'entreposage, les balles rondes sont habituellement entassées
et entreposées à l'extérieur durant l'hiver.
Près de Saskatoon

Winter lingers in the countryside close to Lanigan Creek, a
tributary of Last Mountain Lake, the largest natural lake in
southern Saskatchewan.
   Near Craven

L'hiver sévit dans la campagne près du ruisseau Lanigan qui se
déverse dans le lac Last Mountain, le plus grand lac naturel du
sud de la Saskatchewan.
   Près de Craven

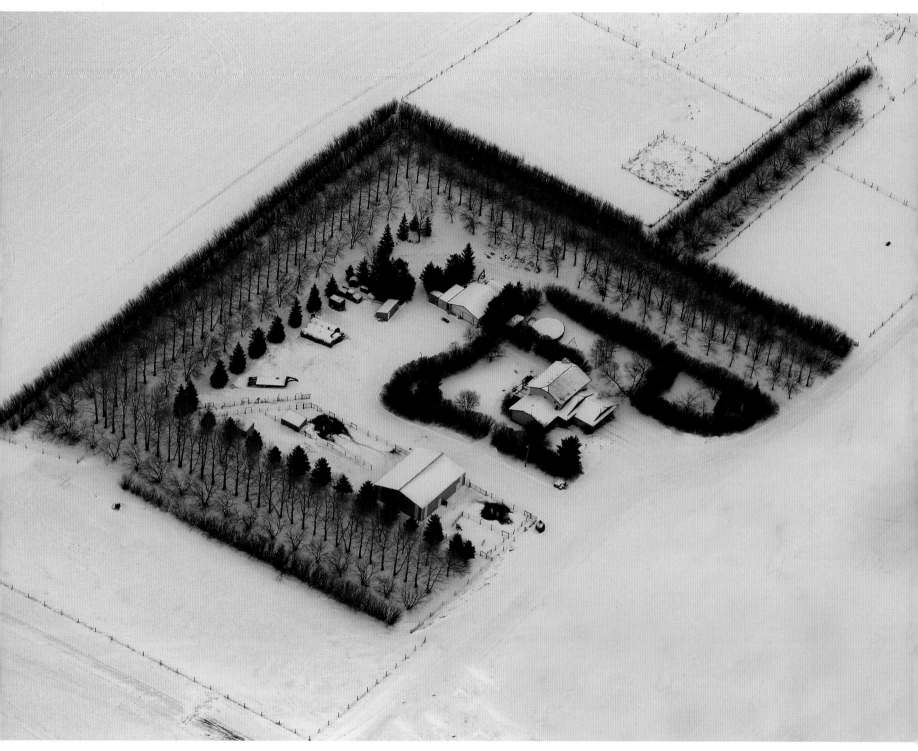

An aerial view adds a new perspective to the layout of a farm and the lines of trees acting as a living fence and windbreak.
Near Regina

La vue aérienne offre une nouvelle perspective sur cette terre agricole et sur les rangées d'arbres qui servent de clôture et de coupe-vent.
Près de Regina

Clinging to dry grasses is crystalline hoarfrost, created when heat evaporates and cold air condenses the vapour into ice.

Une gelée cristalline s'accroche à l'herbe sèche. Cette gelée apparaît quand la vapeur d'eau est transformée en glace par l'air froid.

Moreland

Lace-draped windows add mystery to a weatherbeaten house.

Les rideaux de dentelle ajoutent du mystère à cette vieille maison exposée aux quatre vents.

Regina

McCallum Hill Centre, 20 floors of mirrored blue, pushes up past its neighbours in the downtown core.

Les 20 étages de miroirs bleutés du McCullum Hill Centre dominent le centre-ville.

Regina

Flooded roads call for detours. Driving into just 15 centimetres (6 inches) of water can feel like a crash, and cars can float away in only 30 centimetres (12 inches) of water.
Near Rosthern

La route inondée force le détour. Quinze centimètres (6 po) d'eau peuvent produire l'effet d'une collision. Une voiture peut être emportée à la dérive par aussi peu que 30 centimètres (12 po) d'eau.
Près de Rosthern

A pronghorn, the fastest land mammal in the Western Hemisphere, leaps across a grassy roadway. It can run up to 95 kph (59 mph.).

East Block, Grasslands National Park

Une antilope d'Amérique – l'animal le plus rapide de l'hémisphère occidental – s'élance au-dessus d'un chemin herbeux. Elle peut atteindre 95 km/h (59 m/h).

Bloc de l'est, Parc national des Prairies

SASK ATCH EWAN

It's a dry cold.

Le froid est sec.

Driving in winter is better because the potholes are filled with snow.

En hiver, la neige remplit les nids-de-poule et rend la conduite plus douce.

Your First of July picnic was moved indoors due to frost.

Le pique-nique du 1er juillet, jour de la fête du Canada, sera tenu à l'intérieur… à cause du froid !

Side Road 334 toward Avonlea

Route secondaire 334 en direction d'Avonlea

Drifts of snow and native prairie grass bend away from Grid Road 641. The stoic barbed-wire fence is a farmer's economical solution for delineating large areas of land.
Near Lumsden

Le vent balaie la neige et les herbes des prairies le long de la route de secteur 641. La stoïque clôture de barbelés est une solution peu coûteuse pour délimiter les grandes terres.
Près de Lumsden

Cattle-handling chutes keep livestock calm and steer them in a desired direction. They take into consideration the animals' tendency to follow by limiting their panoramic vision and curbing their fear of the harsh contrasts between light and shadow.
Near Lumsden

La rampe à bestiaux permet de calmer les bêtes et de les diriger dans la direction voulue. Elle limite leur champ de vision et elle atténue la frayeur causée par le fort contraste entre la lumière et l'ombre.
Près de Lumsden

FOLLOWING PAGES | PAGES SUIVANTES

An aerial view shows the pattern made by retreating glacial ice sheets that carved coulees to funnel water into the Qu'Appelle River. The name "Qu'Appelle" originates in the Cree legend of a young brave who heard his name being called as he crossed a lake. When he asked, "Who is calling?" ("Qu'Appelle ?" in French), he heard only his echo, but discovered later it had been his bride-to-be crying his name just before her sudden death.
Qu'Appelle Valley

Une vue aérienne montre les traces laissées par les glaciers et les ravins qui amènent l'eau à la rivière Qu'Appelle. Le nom Qu'Appelle vient d'une légende selon laquelle un jeune Cri qui traversait un lac aurait entendu son nom et demandé qui l'appelait. Seul l'écho lui a répondu : Qui appelle ? Il apprendra plus tard que celle qui devait être sa femme avait crié son nom avant de mourir subitement.
Vallée de la Qu'Appelle

Portfolio

Portfolio?   *Sorry I don't have one.*
Blueprints?   *None.*
A Plan?   *Just barely.*
What I do have is
Talent,
Intuition,
Love of Craft
And Passion enough to
Transcend reality.
Come with me.

Portfolio

Portfolio ?   Je regrette, je n'en ai pas.
Dessins ?   Non plus.
Un plan ?   À peine.
Ce que j'ai, c'est
Le talent
L'intuition
L'amour du métier
Et une passion suffisante
Pour transcender la réalité.
Venez avec moi.

The artist in front of his granite bison sculpture on his acreage near Radville.
L'artiste devant sa sculpture d'un bison en granit installé sur sa terre de Radville.

Scott Chandler McLeod

Waking Angel
Réveil de l'ange

by/par Scott Chandler McLeod
granite/granit

"Working with granite
makes you rethink your
concept of time.

SCOTT CHANDLER McLEOD

Blowing wind creates textured drifts on snowy terrain.

Des amas de neige sont texturés par le souffle du vent.

The Great Sandhills dunes are a unique attraction and preserve for wildlife, including birds and the endangered Ord's kangaroo rat. Visitors are welcome to explore barefoot in the soft sand.
Near Sceptre

Les dunes des Great Sandhills sont une attraction unique et une réserve faunique pour les oiseaux et le rat-kangourou d'Ord, une espèce menacée. Les visiteurs peuvent marcher pieds nus dans le sable fin.
Près de Sceptre

A grid road off the beaten path leads to a blue winter sky.
Near Hafford

Une route de secteur isolée rejoint l'azur d'un ciel d'hiver.
Près de Hafford

Highway 363 rolls east and west along rural fields. At 203 kilometres
(126 miles), it is the province's longest 300 series highway.
Near Neidpath

La route 363 longe les champs sur 203 kilomètres (126 milles) d'est
en ouest. C'est la plus longue du réseau des routes 300.
Près de Neidpath

Frenchman River Valley
West Block, Grasslands National Park

The phantom general store of a deserted town faces the end of another day. The early 20ᵗʰ-century boom left such ghosts after the decline of rural life, rail-line closings and farm consolidations.

Ce magasin général d'une ville déserte voit la fin d'un autre jour. Après le boom du début du 20ᵉ siècle, ces villes fantômes sont apparues avec le déclin de la vie rurale, la fermeture de voies ferrées et le regroupement des terres agricoles.

Bents

Untitled
Sans titre

by/par Evan Quick
ceramic/céramique

" People have often asked me, "What is your favourite piece?" The answer is easy: my next one.

EVAN QUICK

With his ceramics, Evan Quick pays homage to grain elevators, a vanishing Prairie icon. His creations can be found in Rumours Handcraft (left) at the Regina Airport.

Les céramiques d'Evan Quick évoquent l'élévateur à grain, une icône en voie de disparition dans les Prairies. On trouve de ses œuvres chez Rumours Handcraft (à gauche), à l'aéroport de Regina.

Evan Quick

I am thrilled to be pursuing ceramic sculpture again, after having taken a long time off from my artwork. I am enjoying the creative exercise and physical process of working with clay as much as I did when I was younger. It is so nice to once again be getting my hands dirty.

Je suis très heureux de retrouver la sculpture de céramique après m'être longtemps éloigné du travail artistique. Autant que lorsque j'étais jeune, j'aime la démarche de création de même que le geste physique de travailler l'argile. Quel plaisir d'avoir à nouveau les mains sales.

A straw cowboy hat takes a break at a riding stable.
   Near Saskatoon

Un chapeau de cowboy en paille fait une pause dans une écurie.
   Près de Saskatoon

PREVIOUS PAGES | PAGES PRÉCÉDENTES

Catching the last rays of sun, ducks skim the water's surface.
   Near Bents

Des canards effleurent la surface de l'eau et profitent des
derniers rayons du soleil.
   Près de Bents

Decorative wooden models of Canadian Mounties line up at the RCMP Heritage Centre, a not-for-profit organization that is expanding to offer historical landscaping, educational programming and travelling exhibits.

Des statuettes de gendarmes de la GRC sont alignées au Centre du patrimoine de la GRC. Cet organisme sans but lucratif est en expansion en vue d'offrir des programmes historiques et éducatifs et des expositions itinérantes.

Regina

As she bonds with a friend's horse, Jacee Southam
radiates happiness.
Near Saskatoon

Alors qu'elle crée des liens avec le cheval d'un ami,
Jacee Southam rayonne de bonheur.
Près de Saskatoon

Brynn Carter poses atop her much-loved mount.
Near Saskatoon

Brynn Carter sur sa monture adorée
Près de Saskatoon

Puisse votre ventre ne jamais gronder, votre cœur
ignorer le chagrin, votre cheval avoir le pied toujours
sûr et votre sangle ne jamais céder.

ANCIENNE PRIÈRE DU COWBOY

A resident of Kingskettle Pony Club surveys the land owned by Moira Remmen. The stables are named after her father's birthplace — a small town in Scotland.
Near Saskatoon

Un habitué du Kingskettle Pony Club regarde au loin sur la terre de Moira Remmen. Le nom des écuries rappelle le lieu de naissance de père de Moira, une petite ville de l'Écosse.
Près de Saskatoon

May your belly never grumble, may your heart never ache, may your horse never stumble, may your cinch never break.

OLD COWBOY PRAYER

The silhouette of an old cowboy and his horse resting in the
snow add character to a local farm scene.
Near Deer Valley

Les silhouettes d'un vieux cowboy et son cheval au repos dans
la neige donnent du cachet à cette scène rurale.
Près de Deer Valley

Brynn Carter rides around Kingskettle Pony Club, established in 2003. The club is open year-round, allowing riders to enjoy seasonal scenery, wildlife and skies.
Near Saskatoon

Brynn Carter sur son cheval au Kingskettle Pony Club. Inauguré en 2003, le club est ouvert à l'année. Les cavaliers peuvent y admirer le décor de chaque saison, la faune de la région et le vaste ciel.
Près de Saskatoon

Dusk on the Prairie
Crépuscule sur la prairie

by/par Karen Holden
23 x 30.5 cm (9 x 12 in./po)
oil/huile

" I give the paintings
control – each layer
determines and guides
the next. "

KAREN HOLDEN

Castle Butte in southern Saskatchewan's Big Muddy Valley and Big Muddy Badlands was formed during the last ice age when the area served as a glacial meltwater channel.

Dans la région de Big Muddy Valley et Big Muddy Badlands au sud de la Saskatchewan, Castle Butte est apparue au moment de la dernière glaciation, là où s'écoulaient les eaux provenant de la fonte des glaces

Big Muddy Valley

Je cède le contrôle à mes tableaux — chaque couche de peinture détermine et guide la suivante.

KAREN HOLDEN

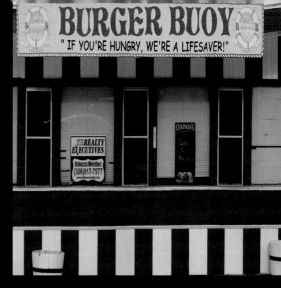

Assorted signs and icons remind everyone what life is about in the "Land of Living Skies."

Diverses enseignes et icônes rappellent le mode de vie sur la « Terre des cieux vivants », ce qui signifie « Land of Living Skies ».

PREVIOUS PAGES | PAGES PRÉCÉDENTES

An historic dairy cow barn at the University of Saskatchewan stands on land targeted for urban development. If relocation is the plan, the cattle will remain on campus for public relations purposes, reminding urban dwellers about the importance of the land and its produce.

Cette étable laitière patrimoniale est sur terrain de l'Université de la Saskatchewan destiné à un développement urbain. Si l'étable doit être déplacée, le troupeau se verra confier un rôle de relations publiques. Il restera sur le campus pour rappeler à tous l'importance de la terre et de ses fruits.

Saskatoon

Barbers' poles, typically red, white and blue in North America, originated in medieval times when barbers doubled as surgeons. The red represented blood (bloodletting) and the white bandages. Various theories exist about the blue. Today, these poles mark the spot for a good haircut and some hot gossip.

L'enseigne de barbier est typiquement rouge, blanche et bleue en Amérique du Nord. Elle remonte au Moyen-Âge où les barbiers étaient aussi chirurgiens. Le rouge rappelle le sang (saignées) et le blanc, les pansements. Quant au bleu, les opinions divergent. Aujourd'hui, ces enseignes marquent un lieu d'arrêt pour une coupe de cheveux et les derniers potins.

Rosethern

The Peterbilt Motors Company has been making trucks since 1939 when Theodore Alfred Peterman sought a quicker way to get logs to his lumber mill. By rebuilding and reconfiguring army trucks, he built a company that mass-produced heavy-duty trucks.

La société Peterbilt Motors fabrique des camions depuis 1939. À l'époque, le fondateur Theodore Alfred Peterman cherchait un moyen d'amener son bois plus rapidement au moulin. Il a eu l'idée de transformer des camions militaires et il a ainsi créé une entreprise capable de produire en série des camions robustes.

Radville

Before the "Fargo Trucks" name was acquired by Chrysler, these automobiles were proudly owned by an independent Fargo Motor Car Company that assured customers, "Fargo never lets you down."
Wascana Trail near Regina

Jusqu'à ce que la marque Fargo Trucks soit achetée par Chrysler, la société indépendante Fargo Motor Car Company fabriquait ses propres véhicules et faisait à ses clients la promesse suivante : « Fargo ne vous laissera jamais tomber ».
Wascana Trail près de Regina

FOLLOWING PAGES | PAGES SUIVANTES

Railcars sport "Saskatchewan" in large letters next to the stylized Western Red Lily, chosen in 1941 as the provincial flower. The vibrant *Lilium philadelphicum* is an endangered species.
Near Success

Des wagons de chemin de fer affichent le nom de la province et sa fleur emblématique adoptée en 1941, le magnifique lys rouge orangé. Le *Lilium philadelphicum* est aujourd'hui une espèce menacée.
Près de Success

Cylus Zounich, Adam Landra and Logan Hayden enjoy western Canadian weather.

Cylus Zounich, Adam Landra et Logan Hayden savourent le temps qu'il fait dans l'Ouest canadien.

Watrous

Grining from ear to ear in the frosty air, Sheldon Clarke
portrays a true Saskatchewanian.

En véritable Saskatchewanais, Sheldon Clarke conserve un large
sourire malgré la froidure.

Regina

I can tell the difference between margarine and butter, I can say
Saskatchewan without starting to stutter.

THE PROCLAIMERS' SONG "CAP IN HAND"

Olivia Brennan's sunny disposition adds fun to the Crave Restaurant experience.

La bonne humeur d'Olivia Brennan ajoute au plaisir d'être au restaurant Crave.

Regina

Rick Kezama, owner of the Rouleau Bar & Grille made famous by the popular TV show *Corner Gas*, keeps the spirit of the fictional Dog River Hotel alive. In the series, the bar was tended by "Paul."

Rick Kezama est propriétaire du Rouleau Bar & Grille rendu célèbre par la série télévisée *Corner Gas*. Rick perpétue le souvenir du Dog River Hotel, un établissement fictif. Dans la série, le préposé au bar s'appelait Paul.

Rouleau

Je sais faire la différence entre la margarine et le beurre et je peux dire Saskatchewan sans bégayer.

EXTRAIT DE LA CHANSON « CAP IN HAND » DU GROUPE *THE PROCLAIMERS*

Outside the Cowtown store, Joe Masters proudly shows support for the Canadian Football League home team, the Saskatchewan Roughriders.

À l'extérieur du magasin Cowtown, Joe Masters affiche fièrement son appui pour les Roughriders de la Saskatchewan, l'équipe de sa province dans la ligue canadienne de football.

Regina

Sharon Elder celebrates the 30th birthday of her equine
friend, Bonnie Lee Apollo.
   Near Saskatoon

Sharon Elder célèbre le 30e anniversaire de sa monture
bien-aimée, Bonnie Lee Apollo.
   Près de Saskatoon

On Route 99, a decorative mailbox sports a cowboy and his horse embarking on a western adventure.
Near Craven

Sprawling ranches where outlaws
once hid out blur into the colourful
sweeping fields along Highway 18.
Between Kildeer and Coronach

Le long de la route 18, de vastes
ranchs où se terraient jadis des
hors-la-loi s'estompent dans un
décor de champs colorés.
Entre Kildeer et Coronach

Shooting from a distance simplifies a story, dropping details
and blending features into textures and feelings. A good
perspective on a bustling downtown core.

L'histoire semble plus simple dans une photo prise à distance.
Les détails disparaissent et les sujets se mélangent au profit des
textures et des sentiments. Un regard inédit sur un centre-ville
en pleine activité.

Regina

A field of stubble where bushels of grain were harvested
creates an intriguing sculptural wasteland.
Near Manitou Beach

Dans un champ, les traces d'une récente récolte renvoient
l'image d'une terre déserte abandonnée.
Près de Manitou Beach

Colorful granaries stand up in a snow drift, shielding their
stored goods from the harsh weather.
Near Ceylon

Des greniers colorés se dressent dans un banc de neige.
Ils gardent leur précieux butin à l'abri des intempéries.
Près de Ceylon

FOLLOWING PAGES | PAGES SUIVANTES

The Delta Bessborough Hotel, known for its resemblance to
a Bavarian castle like many of Canada's other railway hotels,
is a popular wedding venue. Affectionately known as The
Bess (pronounced *bez*), it is a historic landmark built by the
Canadian National Railway between 1928 and 1932.

Comme beaucoup d'hôtels de la Compagnie des chemins de
fer du Canada, l'hôtel Delta Bessborough, ressemble à un
château bavarois. Celui-ci est très prisé pour les réceptions de
mariage. Affectueusement surnommé le Bess (prononcé *bèze*),
ce bâtiment historique a été construit par la Compagnie des
chemins de fer nationaux du Canada entre 1928 et 1932.

The cool air nips at a lopsided log cabin in front of a
shadowy forest.
Near Hafford

Le froid étreint une cabane en bois rond construite en
bordure d'une forêt ombragée.
Près de Hafford

Clouds swell around the Wheat Pool grain elevator, one of only
a few skeletons left to distinguish the ghost town of Bents.

Des nuages s'amoncellent autour d'un élévateur à grain de la
Wheat Pool, l'un des rares vestiges de la ville fantôme de Bents.

Bents

One of the longest, oldest romances is between the eye and the hand.

JACK WEIDMAN

Storm Front
Avant l'orage

86 x 117 cm (34 x 46 in./po)
acrylic on canvas/acrylique sur toile

David Thauberger

Thauberger is especially interested in frontal views of Prairie buildings – symbols of social and community life, especially in the rural areas, that provide an important social connection.

Thauberger s'intéresse particulièrement à la façade des bâtiments des Prairies. Ils symbolisent la vie communautaire et sociale – dans les milieux ruraux surtout – et représentent un lien social important.

St. Louis landmark, is destined for replacement by a new bridge 1.5 kilometres (0.9 miles) outside of town. Construction had been postponed when ancient buffalo bones and First Nations artifacts were discovered on site, but they have since been removed.
St. Louis

Vieux de 94 ans, le pont emblématique de St. Louis sera remplacé par un nouveau pont situé à 1,5 kilomètre (0,9 mille) de la ville. La construction a été retardée lorsque d'anciens ossements de bisons et des artefacts des Premières Nations ont été découverts sur le site. Ils ont depuis été retirés.
Saint-Louis

The reflection of a telephone pole ripples with the waters near a century-old town.
Near Rosthern

Le reflet d'un poteau de téléphone ondule à la surface de l'eau à proximité d'une ville centenaire.
Près de Rosthern

A lone grain elevator stands outside an abandoned church. Four grain elevators once populated this thriving community, now a deserted hamlet bypassed by railroads and highways

Un élévateur à grain solitaire voisine une église abandonnée. Autrefois, cette communauté prospère comptait quatre élévateurs. Aujourd'hui, le petit village est déserté et le chemin de fer et la grande route n'y passent plus.

Neidpath

St. John's Anglican Cathedral was originally built in 1902 with a set of tubular chimes rather than bells. Said to have been only the second set of their kind in Canada, they rang for the first time on February 5, 1907, at a wedding.

Construite en 1902, la cathédrale anglicane St. John's était dotée d'un jeu de carillons tubulaires plutôt que de cloches. C'était le deuxième jeu du genre au Canada et il a sonné pour la première fois le 5 février 1907, à l'occasion d'un mariage.

Saskatoon

FOLLOWING PAGES | PAGES SUIVANTES

University Bridge, providing access to the University of Saskatchewan, was Saskatoon's second vehicle bridge. Upon completion in 1916, the overpass was the longest of its kind.

Le pont University donne accès à l'Université de la Saskatchewan. Il a été le deuxième pont de Saskatoon destiné aux véhicules à moteur. À la fin des travaux en 1916, ce viaduc était alors le plus long du genre.

Saskatoon

A pronghorn poses with style. Both the male and female have
split horns, with the second prong curving backward.
  Near Leader

Une antilope d'Amérique pose fièrement. Le mâle et la femelle
ont les mêmes doubles cornes dont la partie postérieure est
recourbée vers l'arrière.
  Près de Leader

A pair of white-tailed deer, the smallest members of the North
American deer family, are interrupted while grazing. Nocturnal
beasts, they appear primarily at dawn and dusk.
  Grasslands National Park

Deux cerfs de Virginie interrompent leur repas. Cette espèce
est la plus petite des cerfs d'Amérique du Nord. Animal
nocturne, on l'aperçoit le plus souvent à l'aube et au crépuscule.
  Parc national des Prairies

L'œil et la main vivent
l'une des plus longues
et anciennes histoires
d'amour.

JACK WEIDMAN

Barbed wire wraps around a weathered fence post.
Near Cadillac

Fil barbelé enroulé autour d'un vieux piquet de clôture.
Près de Cadillac

Western garb befitting a cowboy tempts shoppers at the Cowtown store.

L'attirail du parfait cowboy a tout pour tenter les clients du magasin Cowtown.

Regina

Brad Wagner gives one last smile after a friendly encounter with the photographer.

Brad Wagner offre au photographe un dernier sourire après une rencontre conviviale avec celui-ci.

Craven

Brynn Carter and her mount fly over barriers, blurring against
the trees at Kingskettle Pony Club.
Near Saskatoon

Une image floue de Brynn Carter et de sa monture franchissant
les obstacles au Kingskettle Pony Club.
Près de Saskatoon

SASKATCHEWAN FARMER SAYING:

If wishes were horses, beggars would ride.

HERTHA TUCKER

Laser-cut steel sculpture by Joe Fafard

Une sculpture d'acier découpée au laser – Joe Fafard

Lumsden

DICTON D'UN FERMIER DE LA SASKATCHEWAN :

Si les souhaits étaient des chevaux, alors
les mendiants seraient cavaliers.

HERTHA TUCKER

Chaque jour, il y a un lever et un coucher de soleil. Ils sont gratuits. Il faut en rater le moins possible.

There's a sunrise and a sunset every single day, and
they're absolutely free. Don't miss so many of them.

JO WALTON

On sunny winter days, nature presents a calm front, with dry
vegetation soaking up the rays.
Near Manitou Beach

Au soleil de l'hiver, la nature offre un front serein et la
végétation desséchée absorbe ses rayons.
Près de Manitou Beach

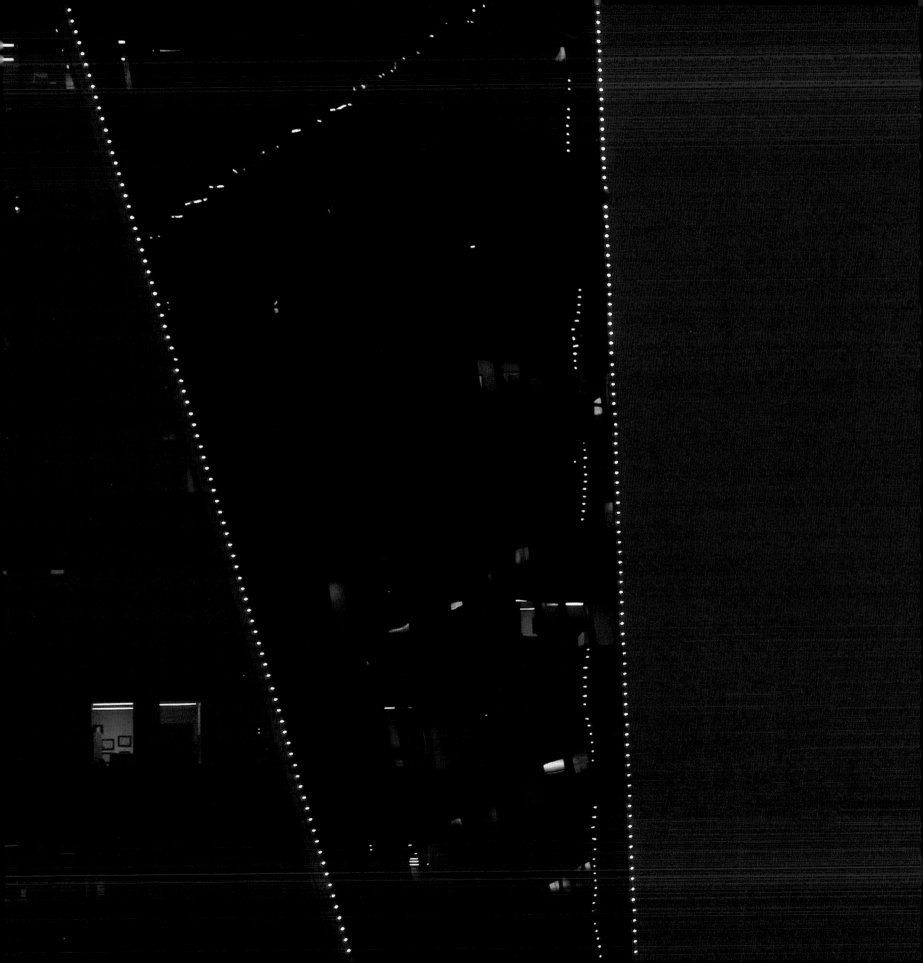

PREVIOUS PAGES | PAGES PRÉCÉDENTES

Late-night office activity sparkles above the downtown. McCallum Hill Centre, at 80 metres (260 feet), is the third tallest high-rise in the city.

Au-dessus du centre-ville, la soirée se prolonge dans les bureaux illuminés. Avec ses 80 mètres (260 pieds), le McCallum Hill Centre est le troisième plus grand gratte-ciel de Regina.

Regina

Lac La Ronge Provincial Park provides visitors with the opportunity to canoe along more than 30 designated routes, many of which were once used for fur trading.

Le parc provincial du lac La Ronge offre aux visiteurs des randonnées en canoë sur plus de 30 parcours établis. Plusieurs étaient jadis utilisés pour le commerce des fourrures.

La Ronge

I would like to extend special thanks to the world-class artists featured in this book. They graciously opened their studio doors to me and shared their creative handiwork with my camera. As I photographed the wonderfully complex province that is their home, I have gained a new appreciation and understanding of the inspiration behind their creative vision – the familiar yet exotic landscapes and ever-changing skies.

)(

Je tiens également à remercier tout particulièrement les artistes de renommée mondiale représentés dans ce livre. Ils m'ont gentiment ouvert la porte de leur studio et exposé leurs œuvres à mon appareil photo. À mesure que je captais les photos de la province merveilleusement complexe qui est la leur, j'ai mieux compris et davantage apprécié les sources de leur inspiration – des paysages à la fois familiers et étranges et un ciel sans cesse changeant.

— George Fischer

Mel Bolen, who grew up in Regina, attended art school in the 1960s, then taught ceramics at the University of Regina and University of Saskatchewan. After moving to the countryside in 1976 to establish North Star Pottery in a renovated brick church near Humboldt, he has been surviving successfully on the sales of his functional porcelain and salt vapour-glazed sculptural vessels.

In his 48-year career Mel has shown his works nationally and internationally, conducted numerous workshops, entered juried shows and exhibitions, and has pieces in collections around the world. He continues to work from the renovated church that he and his wife, artist Karen Holden, call their home and studio.

To view more images, visit saskcraftcouncil.org/project/mel-bolen

MEL
Bolen

Mel Bolen a grandi à Regina. Après avoir fréquenté l'école d'art au cours des années 1960, il a enseigné la céramique aux Universités de Regina et de la Saskatchewan. En 1976, il a déménagé à la campagne et a créé North Star Pottery dans une église de brique rénovée, près de Humboldt. Il gagne bien sa vie en vendant ses porcelaines utilitaires et des pièces sculptées sur lesquelles il applique une glaçure vaporisée au sel.

Au cours de 48 ans de carrière, Mel Bolen a exposé ses œuvres au Canada et à l'étranger. Il a dirigé quantité d'ateliers et participé à des expositions-concours. Ses oeuvres sont collectionnées partout dans le monde. Avec son épouse artiste Karen Holden, il travaille toujours dans l'église rénovée qui leur sert de domicile et de studio.

On trouvera d'autres images sur le site suivant : saskcraftcouncil.org/project/mel-bolen

Nationally and internationally acclaimed artist Joe Fafard was born to French-Canadian parents in the small agricultural community of Ste-Marthe-Rocanville. He attended the University of Manitoba (BFA 1966) and Pennsylvania State University (MFA 1968). From 1968 to 1974, he was at the University of Saskatchewan in Regina, and from 1980 to 1981 was a visiting lecturer at the University of California at Davis.

Fafard is one of Canada's leading professional visual artists. His exhibitions of a broad range of work appear in galleries and museums across the country and around the world, including the United States, Great Britain, France and Japan. He is widely recognized as being at the forefront of his art, and his outstanding contributions to the arts have significantly raised the profile of both Saskatchewan and Canada on the national stage. This distinguished artist and sculptor lives near Lumsden.

JOE
Fafard

Le talent de Joe Fafard est acclamé au pays et à l'étranger. Il est né de parents canadiens-français dans la petite communauté agricole de Sainte-Marthe-Rocanville. L'Université du Manitoba lui a décerné un baccalauréat en beaux-arts en 1966, et Pennsylvania State University lui a décerné une maîtrise en 1968. De 1968 à 1974, il a travaillé à l'Université de la Saskatchewan à Regina et, de 1980 à 1981, il a été professeur invité à la California University située à Davis.

Joe Fafard figure parmi les artistes canadiens les mieux cotés. Il a exposé une grande variété d'œuvres dans les galeries et musées à travers le pays et aussi à l'étranger, notamment aux États-Unis, en Angleterre, en France et au Japon. On le reconnaît comme la figure de proue de son domaine artistique. Sa contribution exceptionnelle a considérablement rehaussé le profil de la Saskatchewan et du Canada sur la scène internationale. Cet artiste et sculpteur remarquable vit près de Lumsden.

Born in Portage la Prairie, Manitoba and raised near Riding Mountain National Park, Karen Holden has been influenced and inspired by nature from an early age. After owning and operating a retail business for 10 years, she began her painting journey by studying art at the University of Regina, University of Saskatoon, Instituto Allende in San Miguel Mexico, and in numerous workshops. She was also influenced by her mother, Edythe Holden, a life-long painter and teacher. Since 1998, Karen has been painting and showing her art on a full-time basis. She lives and works in a brick church studio-gallery on acreage near Humboldt that she shares with her husband, ceramic artist Mel Bolen.

To view more images, visit saskcraftcouncil.org/project/karen-holden

KAREN
Holden

Karen Holden est née à Portage la Prairie et elle a grandi près du parc national du Mont-Riding. Très jeune, elle a été influencée par la nature et y a trouvé son inspiration. Après une dizaine d'années comme propriétaire exploitante d'un commerce au détail, elle a commencé son parcours artistique en étudiant les arts aux Universités de Regina et de Saskatoon, à l'Instituto Allende de San Miguel, au Mexique, et dans de nombreux ateliers. Elle a aussi été influencée par sa mère Edythe Holden, qui a peint et enseigné durant toute sa vie. Depuis 1998, Karen Holden peint et expose à temps plein. Elle vit et travaille dans une église en brique située à proximité de Humboldt. Il s'agit du studio galerie qu'elle partage avec son époux, l'artiste céramiste, Mel Bolen.

On trouvera d'autres images sur le site suivant : saskcraftcouncil.org/project/karen-holden

See/Voir pages: 148, 149

See/Voir pages: 5, 44, 45, 52, 90, 134, 135, 239

See/Voir pages: 15, 124, 148, 200

Michael Hosaluk – craftsman, artist, designer and educator – lives outside Saskatoon with his wife Marilyn. He is internationally recognized as one of the world's most creative wood turners. His work covers a wide range of objects and materials ranging from functional vessels and furniture to entirely sculptural pieces. His art is humorous and elegant, possesses character and gesture, and is replete with references to architecture, nature and culture.

Hosaluk has lectured and demonstrated extensively throughout Canada, the United States, Australia, New Zealand, Great Britain and France. His works have been exhibited in Canada, Australia, Taiwan, France, Germany, China, Japan and the United States and are represented in many prestigious art collections. An active member of his community, Hosaluk believes in freely sharing with others what he has learned, and is committed to raising awareness about crafts in Canada and throughout the world.

Scott Chandler McLeod began sculpting in clay and plasticine as a child. In his mid teens he completed an apprenticeship with well known Lumsden abstract sculptor John Nugent. Dissuaded by his family from pursuing an art career, McLeod instead farmed for 26 years with his grandfather. However, farming was never a good fit, so in 1975, inspired by the ancient First Nations artifacts in the area where he farmed, McLeod returned to sculpting. In the mid-1980s, he began working with large granite boulders that glaciers had pushed down from the Canadian Shield. In Radville, his sculptures are displayed in his expansive, tree-lined yard while myriad other pieces are being enjoyed in museums and private collections.

Wilf Perreault was born in Albertville in 1947. He received his BA (Hons), Arts at the University of Saskatchewan in 1970 and is a member of the Royal Canadian Academy of the Arts. He has become one of Saskatchewan's most highly regarded visual artists, interpreting through paintings the ever-changing landscape of Regina, where he has lived and worked since 1970. His talent has earned him a large and growing number of exhibitions, commissions and awards both inside and outside of Saskatchewan. Perreault's paintings are housed in many public, private and corporate collections nationally and internationally.

Born in Holdfast, David Thauberger studied ceramics at the University of Saskatchewan, Regina Campus, where ceramic sculptor David Gilhooly served as an early mentor, inspiring Thauberger and others to create art that was rooted in their own life experience and their own geographical region. He earned his BFA in 1971 and his MA in 1972 from California State University (Sacramento). He then studied with Rudy Autio at the University of Montana in Missoula, earning his MFA in 1973. Today, he is a member of the Royal Canadian Academy of Arts.

Thauberger has gained international acclaim for his paintings of the vernacular architecture and cultural icons of Saskatchewan. For his achievements, he was recently awarded the Saskatchewan Order of Merit. In 2012, he received the Queen's Diamond Medal; in 2009 received the Lieutenant Governor's Saskatchewan Artist Award; and in 2008 was made a Member of the Order of Canada.

MICHAEL
Hosaluk

SCOTT
Chandler
McLeod

WILF
Perreault

DAVID
Thauberger

Michael Hosaluk est à la fois artisan, artiste, designer et éducateur. Il vit près de Saskatoon avec son épouse Marilyn. Il est reconnu mondialement comme l'un des tourneurs sur bois les plus créatifs qui soient. Ses œuvres englobent une vaste gamme d'objets et de matériaux : pièces utilitaires, meubles et pièces sculpturales. Son art affiche une élégance pointée d'humour. Il possède du caractère et une gestuelle et il multiplie les allusions à l'architecture, la nature et la culture.

Michael Hosaluk a donné des conférences et pris part à des démonstrations partout au Canada, aux États-Unis, en Australie, en Nouvelle-Zélande, en Angleterre et en France. Ses œuvres ont été exposées au Canada, en Australie, à Taïwan, en France, en Allemagne, en Chine, au Japon et aux États-Unis et sont présentes dans plusieurs collections prestigieuses. Cet artiste est actif dans sa communauté et il croit qu'il faut savoir partager ce qu'on a appris. Il tente de rehausser l'intérêt pour l'artisanat au Canada et partout dans le monde.

Scott Chandler McLeod était enfant lorsqu'il a commencé à sculpter l'argile et la plasticine. Adolescent, il a été apprenti auprès de John Nugent, un sculpteur abstrait bien connu de Lumsden. Dissuadé de la carrière d'artiste par sa famille, il a travaillé comme agriculteur avec son grand-père durant 26 ans. Cependant, l'agriculture ne répondait pas à ses aspirations. Fasciné par d'anciens objets autochtones trouvés dans la région, McLeod décida, en 1975, de revenir à la sculpture. Au milieu des années 1980, il commença à travailler d'imposants blocs de granite laissés par les glaciers du Bouclier canadien. À Radville, ses sculptures sont exposées dans sa vaste cour bordée d'arbres, et quantité d'autres pièces se trouvent dans des musées ou des collections privées.

Wilf Perreault est né à Albertville, en 1947. L'Université de la Saskatchewan lui a décerné un baccalauréat ès arts avec spécialisation en 1970. Il est membre de l'Académie royale des arts du Canada. Il est l'un des artistes les plus respectés de la Saskatchewan. Il traduit en peinture le paysage toujours changeant de Regina, la ville où il vit et travaille depuis 1970. Le nombre d'expositions, de commandes et de récompenses que lui attirent son talent est déjà considérable et il augmente sans cesse, tant en Saskatchewan qu'à l'extérieur de la province. Au Canada et à l'étranger, on trouve des peintures de Wilf Perreault dans bon nombre de collections d'entreprises et de collections publiques et privées.

Né à Holdfast, David Thauberger a étudié la céramique à l'Université de la Saskatchewan à Regina. Le sculpteur céramiste David Gilhooly a été un premier mentor. Il a orienté David Thauberger – et d'autres aussi – vers une création artistique enracinée dans l'expérience de vie de chacun et dans son propre milieu géographique. En 1971, David Thauberger a obtenu son baccalauréat en beaux-arts suivi, en 1972, d'une maîtrise décernée par la California University à Sacramento. Il a ensuite poursuivi ses études auprès de Rudy Autio à la Montana University à Missoula, et obtenu une autre maîtrise ès arts en 1973. Aujourd'hui, il est membre de l'Académie royale des arts du Canada.

David Thauberger a acquis une réputation internationale en peignant des représentations d'architecture vernaculaire et d'icônes culturelles de la Saskatchewan. Son œuvre lui a récemment mérité les insignes de l'Ordre du mérite de la Saskatchewan. En 2012, il avait reçu la Médaille du jubilé de la reine et, en 2009, le prix du gouverneur général de la Saskatchewan pour les arts. Il a été fait membre de l'Ordre du Canada en 2008.

See/Voir pages: 106, 143, 162   See/Voir pages: 182, 183   See/Voir page: 32   See/Voir page: 225

ACKNOWLEDGMENTS

First and foremost, I would like to thank Greystone Managed Investments Inc. for enabling me to experience and record the beauty of Saskatchewan and the warmth of its people. I am particularly grateful for the assistance of Robert Vanderhooft, Peggy Hogan, Karl Hamblin and Lenn McDonald.

To my good trekking friends from Regina and Saskatoon – Sue Ashburner, Brian and Sharon Elder, and Evan Quick – a big thank you for your genuine Saskatchewanian hospitality, which included showing me the best sights, sounds and activities the province has to offer.

For their "modelling services" at the Crave Restaurant, thanks to Jonathan Thauberger (in my opinion, the top chef in Regina) and Olivia Brennan (the top server). And for the most amazing ham and cheese sandwich at the Italian Star Restaurant in Regina, I would like to thank the inventive Carlo Giambattista.

For arranging the perfect travel itinerary, I am grateful to Amy McInnis and Shane Owen from Tourism Saskatchewan. Tillie Duncan from Coronach Tourism has my eternal appreciation for the baddest-ever Badlands tour of the Big Muddy and Castle Butte.

For allowing me to snap their candid photos, I extend a huge thanks to Brad Wagner of Craven; Aaron Clark of Regina; Rick Kezama and Katie Hamilton of Rouleau; Joe Masters and Gail Chin of Regina; Cylus Zounich and Adam Landra of Nokomis; Logan Hayden of Watrous; and Saskatoon's Moira Remmen, Kristina Gunningham, Amanda Pufall, Brynn Carter and Kira Mayhew.

For the awesome aerial experience over Regina, I salute the Regina Flying Club and Dave Atkinson.

To Connie McLeod from Rumour Handcraft at the Regina Airport: I very much valued your flexibility in letting me rearrange your unique Saskatchewanian gift items for the sake of my photographic art.

Thanks to Terri Fidelik for editing Joe Fafard's preface, Leah Quick's research to help bring colour to the text, and to Selina Barker for assistance in writing the captions.

As always, a great big thanks to my fearless assistants – Jean Lepage, Sean Fischer and Evan Quick – for daring to boldly go above and beyond.

Last but never least, sincere gratitude to my stellar creative team: Catharine Barker, art director; E. Lisa Moses, English writer and copy editor; and Line Thériault and Guy Thériault, French translators.

)(

REMERCIEMENTS

Tout d'abord, je tiens à remercier Greystone Managed Investments Inc. de m'avoir permis de connaître et de saisir les beautés de la Saskatchewan et la chaleur de ses habitants. Je dois une reconnaissance toute particulière à Robert Vanderhooft, Peggy Hogan, Karl Hamblin et Lenn McDonald.

À mes bons amis randonneurs de Regina et Saskatoon – Sue Ashburner, Brian Elder, Sharon Elder et Evan Quick – je dis un grand merci à leur véritable hospitalité saskatchewanaise qui m'a donné accès à ce que la province offre de mieux au chapitre des activités, des sons et des choses à voir.

Pour avoir servi de « modèles » au restaurant Crave, merci à Jonathan Thauberger et Olivia Brennan. À mon avis, il n'y a pas de meilleur chef cuisinier ni de meilleure serveuse à Regina. Pour l'extraordinaire sandwich au jambon et fromage servi au resto Italian Star de Regina, je remercie Carlo Giambattista et salue son talent.

Mes remerciements vont à Amy McInnis et Shane Owen, de Tourism Saskatchewan, qui m'ont tracé le parfait itinéraire. Tillie Duncan de Coronach Tourism mérite mon éternelle reconnaissance pour une visite inoubliable des « badlands » de Big Muddy et Castle Butte.

Pour m'avoir permis de prendre leurs photos à l'improviste, un immense merci à Brad Wagner de Craven ; Aaron Clark de Regina ; Rick Kezama et Katie Hamilton de Rouleau ; Joe Masters et Gail Chin de Regina ; Cyrus Zounich et Adam Landra de Nokomis , Logan Hayden de Watrous ; Moira Remmen, Kristina Gunningham, Amanda Pufall, Brynn Carter et Kira Mayhew de Saskatoon.

Je salue Dave Atkinson et le Regina Flying Club pour une formidable expérience aérienne au-dessus de Regina.

Merci à Connie McLeod de Rumour Handcraft, à l'aéroport de Regina, de m'avoir permis de modifier son étalage de cadeaux uniques à la Saskatchewan afin d'accommoder mes désirs de photographe.

Mes remerciements à Terri Fidelik pour ses retouches à la préface de Joe Fafard, et à Leah Quick dont la recherche a ajouté des touches de couleur au texte. Également merci à Selina Barker qui a contribué à la rédaction des légendes.

Comme toujours, de grands mercis à mes intrépides compagnons – Jean Lepage, Sean Fischer et Evan Quick – pour qui le dépassement de soi est chose normale.

Enfin, j'adresse une gratitude toute spéciale à mon équipe artistique hors pair : Catharine Barker à la direction, Lisa Moses à la rédaction anglaise et Line Thériault et Guy Thériault à la traduction française.

)(

Photo credits/Crédits photos :
    Evan Quick, page 12,
    Sean Fischer, pages 18, 19, 82-83, 84, 175, 234-235
    Sue Ashburner, page 115

George Fischer is one of Canada's most renowned and prolific landscape photographers. He has produced over 50 books, 50 art posters and numerous prints. George's work has appeared on the covers of countless international magazines and newspapers, and in the promotional publications of tourism agencies around the world. Two of his recent publications, *Canada in Colour/en couleurs* and *Exotic Places & Faces*, are stunning compilations of his extensive travels. George's book entitled *Unforgettable Canada* was on *The Globe and Mail*'s bestseller list for eight weeks and sold over 50,000 copies. Other titles in the *Unforgettable* series include: *Unforgettable Tuscany & Florence*, *Unforgettable Paris Inoubliable*, *Unforgettable Atlantic Canada*, *The 1000 Islands – Unforgettable*, and *Les Îles de la Madeleine Inoubliables*. Currently George is working on a few new books including *Ontario's Thousand Islands*, *Vancouver Island* and the *Faroe Islands*. He resides in Toronto, Canada.

See more of George Fischer's work at georgefischerphotography.com

GEORGE Fischer

George Fischer est l'un des photographes paysagers les plus célèbres et les plus prolifiques du Canada. Il a réalisé plus de 50 livres, 50 affiches artistiques et de nombreux tirages. Les œuvres de George ont fait la couverture d'une multitude de magazines, de journaux internationaux et de documents publicitaires de bureaux de tourisme à travers le monde. Deux de ses récents ouvrages, *Canada in Colour/en couleurs* et *Exotic Places & Faces*, représentent une compilation époustouflante de ses innombrables expéditions. Son livre *Unforgettable Canada* a été sur la liste des best-sellers du journal *The Globe and Mail* durant huit semaines et s'est vendu à plus de 50 000 exemplaires. La série *Unforgettable* comprend notamment *Unforgettable Tuscany & Florence*, *Unforgettable Paris Inoubliable*, *Unforgettable Atlantic Canada*, *The 1000 Islands – Unforgettable* et *Les Îles de la Madeleine Inoubliables*. George s'affaire actuellement à la réalisation de nouveaux ouvrages dont *Ontario's Thousand Islands*, *Vancouver Island* et *Faroe Islands*. George Fischer réside à Toronto, au Canada.

Pour en savoir plus sure les œuvres de George Fischer, consulter georgefischerphotography.com

Born in Sablé-sur-Sarthe, France, Jean-Louis Lepage traveled extensively across Europe between the ages of 18 and 25. He came to Canada in 1966, settling first in Montréal for 18 months, then moving to Toronto. Jean-Louis has visited at least one different country every year for the past 25 years, and over his lifetime has seen more than 85 countries. Since 1991, he has worked as George Fischer's assistant on more than 40 photography books featuring various countries. He likes to travel to the mountainous regions of Mexico in the winter and Europe in the fall. His home base is Toronto, Canada.

Sean Fischer is a professional musician and photographer who has accompanied his father on photographic assignments in Panama, Jordan, Bolivia, Peru, France and Tanzania, as well as Canada and the U.S.A. His images have appeared on posters and in books on Charlevoix, Paris, Atlantic Canada and Toronto. With his extensive musical training, Sean has also written the musical score and lyrics for three DVDs featuring George Fischer images. He has been heavily involved in production for Canadian film and television, particularly in creating the theme songs for HGTV's *Four Houses Canada* and numerous spots in Canadian television and advertisements. Sean is an avid commercial songwriter/producer and has enjoyed a number of international song placements. Currently he is a full-time composer, writing for the Toronto production house Vapor Music.

Evan Quick was born in Regina, and he has lived his entire life in the Queen City. He received a BFA (Hons) degree from the University of Saskatchewan in 1976, majoring in ceramic sculpture. His current artistic projects include constructing what can be described as a modern interpretation of the iconic Prairie grain elevator. Following graduation, Evan began working for Air Canada; he retired recently after having worked for over 35 years with the airline. He met George Fischer in 2008 when they climbed Mt. Kilimanjaro together as part of a fundraising group. They discovered that they shared many common interests, leading to numerous adventures together and a close friendship.

JEAN
Lepage

SEAN
Fischer

EVAN
Quick

Jean-Louis Lepage est né à Sablé-sur-Sarthe, en France. Entre l'âge de 18 et 25 ans, il a beaucoup voyagé partout en Europe. Arrivé au Canada en 1966, il a vécu à Montréal pendant 18 mois avant de s'établir à Toronto. Chaque année, depuis 25 ans, Jean-Louis part à la découverte d'au moins un nouveau pays et, à ce jour, il en a visité plus de 85. Assistant de George Fischer depuis 1991, il a collaboré à la production de plus de 40 livres de photos réalisées dans différents pays. En hiver, il privilégie les régions montagneuses du Mexique et, en automne, les pays d'Europe. Il réside à Toronto, au Canada.

Sean Fischer est musicien professionnel et photographe. Il a accompagné son père lors d'expéditions photo dans de nombreux pays, notamment le Panamá, la Jordanie, la Bolivie, le Pérou, la France, la Tanzanie, le Canada et les États-Unis. Ses photos ont paru sur des affiches et dans des ouvrages sur la région de Charlevoix, Paris, le Canada atlantique et Toronto. Ayant suivi une formation musicale poussée, Sean a choisi d'exprimer son talent en composant, entre autres, la musique et les paroles de trois DVD de photos de George Fischer. Il a aussi étroitement contribué à la production d'émissions de télévision et de films canadiens. Il a notamment composé les chansons-thèmes de la série *Four Houses Canada* de HGTV et de plusieurs spots télévisés et publicitaires au Canada. Sean est un auteur-compositeur et producteur passionnés et plusieurs de ses chansons ont également été diffusées à l'étranger. Actuellement, il est compositeur à temps plein pour la société de production torontoise Vapor Music.

Evan Quick est né à Regina et a toujours vécu dans la « Ville reine ». En 1976, l'Université de la Saskatchewan lui a décerné un baccalauréat en beaux-arts avec une spécialisation en sculpture céramique. Ses projets artistiques courants comprennent la construction d'un modèle contemporain d'un silo à grain, un bâtiment emblématique des Prairies. Après avoir décroché son diplôme, Evan a fait carrière chez Air Canada. Il a pris sa retraite récemment, après 35 années de service. Il a fait la connaissance de George Fischer en 2008, au cours de l'ascension du mont Kilimanjaro organisée dans le cadre d'une activité de collecte de fonds. Lors de cette expédition, ils se sont découvert plusieurs intérêts communs et il en a résulté plusieurs aventures partagées et une solide amitié.

See/Voir pages: 190-191

*"Proud of our
Prairie roots"*

Bents

The Spirit Within

A MESSAGE FROM GREYSTONE

Greystone Managed Investments Inc. is proud to partner with one of Canada's most accomplished and respected photographers, George Fischer in his pictorial portrayal of Saskatchewan. His unique vision of our home province has been captured through stunning images of prairie scenery and breathtaking landscapes. Each page is a gateway to discovering the natural beauty that abounds in the *Land of Living Skies*. We hope you enjoy "the spirit within" Saskatchewan.

AT A GLANCE

Proud of our Saskatchewan roots in the middle of Canada's prairies, Greystone is one of Canada's largest institutional money managers* providing full discretionary investment management services to institutional clients. Our privately owned firm – more than 80 per cent of employees are shareholders – is headquartered in Regina with offices in Winnipeg, Toronto and Hong Kong. With over $30 billion in assets under management, our primary business is helping the clients who have entrusted the management of their assets achieve their goals and objectives.

OUR STORY

Greystone's origins can be traced back to when the Investment Corporation of Saskatchewan (ICS) was founded in 1988: created by 20 Saskatchewan domiciled public sector pension and insurance funds. At launch of investment operations in December 1988, ICS consisted of one office in Regina with eight employees and $3.4 billion in assets under management.

ICS began with in-house competency in fixed income, Canadian equities, real estate and mortgages. A U.S. equities team was created in early 1989. The initial years of the firm's development were focused on recruitment to complement core staff and on evolving our investment processes.

In April 1994, the metamorphosis of ICS into the Greystone of today commenced with the name change to Greystone Capital Management Inc. A year later the firm's first subsidiary was created with the acquisition of Managed Investments Ltd. and its name changed to Greystone Managed Investments Inc. – our current principal operating company.

On June 24, 1999, the 11th anniversary of the incorporation of the firm, a group of 29 employees purchased a majority interest in Greystone from the original founding client-shareholders and set the cornerstone for today's unique shareholder model that provides opportunities for each employee to own a piece of the company and their future.

A second major acquisition occurred within months of the employee buy-in when Mentor Capital Management of Winnipeg was merged with Greystone.

It was the transition to an employee ownership model that was a turning point for broader market acceptance for Greystone, and the client base and assets under management surged. It was growth in numbers of client relationships that prompted the opening of a Toronto office in 2003 to help service the new clients from there to Atlantic Canada. The Toronto office grew from one person to a complement of 31 by early 2015.

In response to an ever-changing and evolving investment landscape, an in-house international equities team was formed in 2007, and an infrastructure team in 2012. As the years progressed, we witnessed a significant economic shift and rapid growth in China, which led to opening an exploratory office in Beijing in 2010 and moving to a permanent China presence in Hong Kong in 2013.

We like to say that Greystone is the overnight success story that took 25 plus years. The transformation was gradual: from the tiny seed of eight original employees in 1988 to only 52 after a decade, and now a team of over 160.

Greystone's success can be attributed to the culture of hard work, dedication, entrepreneurial spirit, and esprit de corps that exist within the firm – all focused on a commitment to our clients and our community. In our early years, we recognized that to grow the business, we need to maintain a culture that focuses on the needs of our clients, our employees and the communities that we call home. Ultimately,

Greystone has succeeded in obtaining size and diversification in our business, while concurrently remaining true to our values and the "made in Saskatchewan" base on which we were founded.

GREYSTONE TODAY

As Saskatchewan has evolved over time, so has Greystone. From humble beginnings, Greystone has grown to include over 160 staff members, four locations and more than $30 billion in assets under management. During that evolution, we have remained committed to partnering with our clients to help them achieve their long-term objectives and aspirations.

Money management is our business and our passion. We are proud to offer tailored investment solutions using broad investment management capabilities, including fixed income, equities, infrastructure, real estate and mortgages. Greystone's emergence as one of Canada's largest institutional money managers is due to our clients' enthusiastic endorsement of our investment process and philosophy – The Power of Disciplined Investing®.

Since Greystone opened its doors over 25 years ago, we have maintained a client-focused experience that is true to our prairie roots. As Saskatchewan continues to grow and our firm continues to grow, our employees embrace and promote the Greystone culture – add value for our clients and place clients' interests first.

Near Waldheim / Près de Waldheim

Greystone.ca

GREYSTONE

« *Fiers habitants
des Prairies* »

Near Coronach / Près de Coronach

L'Esprit qui nous anime !

LE MESSAGE DE GREYSTONE

Greystone Managed Investments Inc. est fière de s'associer à ce merveilleux ouvrage photographique qui dépeint admirablement bien les nuances et les beautés de la Saskatchewan. George Fischer est l'un des photographes les plus accomplis et respectés du Canada. Avec son regard unique, il a su saisir en image la beauté frappante des prairies et des paysages de notre province. Chaque page s'ouvre sur les beautés naturelles dont regorge la *Terre des cieux vivants*. Nous sommes confiants que vous serez, à votre tour, transportés par cet *esprit qui anime* la Saskatchewan.

EN BREF

Greystone est l'une des plus importantes sociétés de gestion de fonds institutionnels au Canada* et elle est fière de ses racines *saskatchewanaises*, au cœur même des Prairies canadiennes. Greystone offre à ses clients institutionnels une gamme complète de services discrétionnaires de gestion d'investissement. Il s'agit d'une société privée dont 80 pour cent des employés sont actionnaires. Le siège de la société est à Regina, avec des bureaux à Winnipeg, Toronto et Hong Kong. Greystone gère des avoirs de plus de 30 milliards de dollars et sa toute première mission est d'aider les clients qui lui font confiance à atteindre leurs buts et objectifs.

NOTRE HISTOIRE

Les origines de Greystone remontent à la création de l'Investment Corporation of Saskatchewan (ICS), en 1988. L'ICS regroupait vingt fonds publics de retraite et d'assurance en Saskatchewan. Lors du lancement de ses activités en 1988, le seul bureau de l'ICS était situé à Regina. Il comptait huit employés et assurait la gestion d'actifs financiers d'une valeur de 3,4 milliards de dollars.

Au début, les compétences spécifiques de l'ICS englobaient le revenu fixe, les actions canadiennes, l'immobilier et les hypothèques. En 1989, une équipe chargée de la gestion d'actions américaines a été créée. Le développement des premières années portait essentiellement sur le recrutement d'un effectif complet et sur l'évolution des activités d'investissement.

En avril 1994 s'est amorcée la métamorphose de l'ICS en Greystone, avec l'adoption d'une nouvelle dénomination sociale : Greystone Capital Management Inc. Un an plus tard, la firme se dotait d'une première filiale avec l'acquisition de la firme Managed Investment Ltd et devenait Greystone Managed Investments Inc.

Le 24 juin 1999, date du 11ᵉ anniversaire de la constitution de la firme, un groupe de 29 employés ont acquis une participation majoritaire dans la firme Greystone en achetant les actions de clients fondateurs. Ils ont ainsi établi un modèle de copropriété donnant aux employés la possibilité de détenir une partie non seulement de la firme, mais également de leur avenir.

Au cours des mois suivants, une deuxième acquisition importante a été réalisée au moment de la fusion de Greystone et de Mento Capital Management à Winnipeg.

La transition vers ce modèle d'actionnariat salarié a été un point tournant ; Greystone y a acquis une acceptation plus grande dans les marchés et le montant des avoirs gérés a monté en flèche. Une hausse de la clientèle a entraîné l'ouverture d'un bureau à Toronto en 2003 afin de desservir la clientèle de l'Est canadien. À l'ouverture, le bureau ne comptait qu'un seul employé. Il en comptait 31 au début de l'année 2015.

Pour faire face au contexte d'investissement en constante évolution, une équipe chargée des actions internationales a été constituée en 2007, suivie, en 2012, de la création d'une équipe responsable des infrastructures. Au fil des ans, le regard économique s'est tourné vers la croissance rapide de la Chine. Un bureau exploratoire a été ouvert à Beijing en 2010 et une présence permanente en Chine a été établie à Hong Kong en 2013.

Nous aimons dire que Greystone représente un exemple de réussite immédiate qui s'est échelonnée sur 25 ans. Les changements ont été graduels : de 8 salariés en 1988, la petite équipe est passée à 52 en dix ans et son personnel compte aujourd'hui plus de 160 personnes.

Le succès de Greystone repose sur une culture d'entreprise qui prône l'effort, le dévouement, l'entrepreneuriat et l'esprit de corps. Cette culture repose sur l'engagement à l'égard de notre clientèle et de notre communauté. Dès les premières années, nous avons compris que la croissance serait tributaire d'une culture centrée sur les besoins des clients, de nos employés et des communautés dans lesquelles nous évoluons. Bref, Greystone a réussi à grandir et à diversifier ses activités tout en restant fidèle à ses valeurs et à une base solide digne de la mention « fait en Saskatchewan ».

GREYSTONE AUJOURD'HUI

Tout comme la Saskatchewan, Greystone a évolué au fil des ans. Depuis ses modestes débuts, Greystone a bien progressé. Aujourd'hui, la firme emploie plus de 160 personnes, dans quatre succursales, et gère un capital de plus de 30 milliards de dollars. Au cours de cette évolution, la firme est restée résolue à maintenir le partenariat établi avec ses clients afin de les aider à satisfaire leurs aspirations et à réaliser leurs objectifs à long terme.

Pour nous, la gestion financière est à la fois un métier et une passion. Nous sommes fiers de pouvoir offrir des investissements sur mesure assortis d'une gestion souple et diversifiée : revenu fixe, actions, infrastructure, immobilier et hypothèques. Si Greystone figure au rang des principaux gestionnaires financiers du Canada, c'est grâce au soutien enthousiaste de ses clients quant à notre approche et notre philosophie qui valident la force de l'investissement judicieux®.

Depuis sa création, il y a 25 ans, Greystone a perpétué une expérience axée sur sa clientèle et est restée fidèle à ses origines au cœur des prairies. Au fur et à mesure de la croissance de la Saskatchewan et celle de notre entreprise, nos employés adoptent et font la promotion de la culture Greystone. Il s'agit d'une culture de valeur ajoutée pour nos clients, une culture qui veille scrupuleusement sur les intérêts de notre clientèle.

Wascana Creek, Regina / Ruisseau Wascana, Regina

Greystone.ca

* Extrait du *Top 40 Money Managers Report*, *Benefits Canada*, mai 2015, selon les données relatives aux actifs de retraite canadiens au 31 décembre 2014.

GREYSTONE

An old double-decker bus is painted in true Canadian spirit.

Un ancien autobus à double étage arbore fièrement les couleurs du Canada.

Saskatoon

YOU MAY BE FROM SASKATCHEWAN IF...

You measure distance in hours.

You have more miles on your snow blower than your car.

You have worn shorts and a parka at the same time.

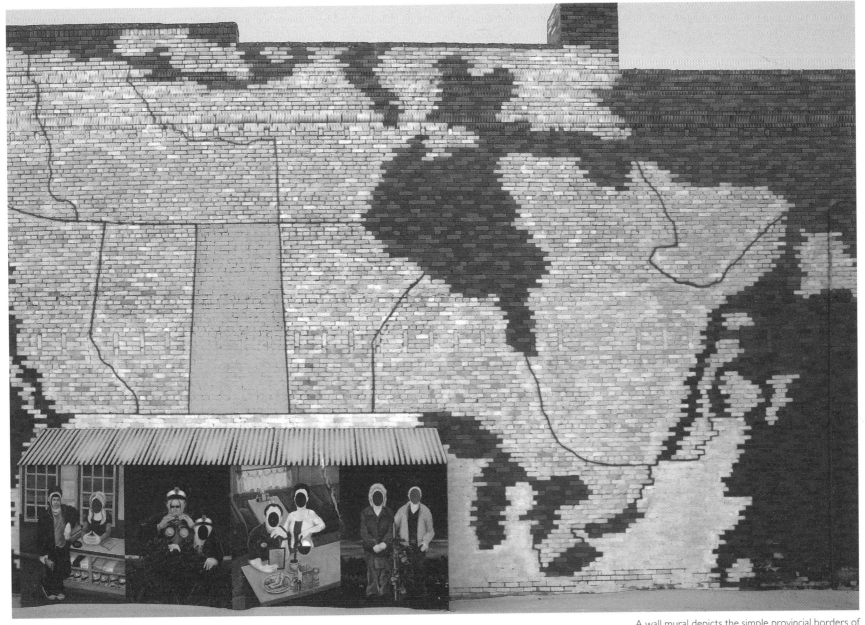

A wall mural depicts the simple provincial borders of Saskatchewan, a favourite of child cartographers.

Illustrant bien les frontières élémentaires de la Saskatchewan, cette murale est très appréciée des cartographes en herbe.

Rouleau

VOUS ÊTES PEUT-ÊTRE DE LA SASKATCHEWAN SI...

Vous calculez les distances en heures.

Si votre souffleuse à neige compte plus de kilomètres que votre voiture.

Vous avez porté en même temps des shorts et une parka.